能美・小松の方言ノート

本多良二 著

はじめに

僕は石川県の能美市生まれ、小松市育ちの次郎というんだ。これから能美市と小松市に昔から伝わっている方言を調べていくよ。僕の家族は皆んなで7人なんだ。皆んなから聞いたノンゴリ（旧能美郡）とコマツの方言を今からお話しするから、ぜひ聞いてね。

おもしろい方言　ベスト20

本書で取り上げたおもしろい方言を20あげてみました。またその中から特にベスト5（◎）を選抜しました。言葉の詳しい意味は以下の本文をご参照ください。

◎あったんめんチャンバチや　そんなことはあたり前やヨ

アー言《ゆ》やコー、コー言《ゆ》やアー　はっきりしてください

行っても八里《はちり》　何か考え違いをしていないか

うっさらかちむく　お前は何様のつもりやねん

ウラウラ、オミャオメ　今後はお互いに自分の道へ

◎えーに悪いゃついとる　一見良くてもだまされないぞ

絹《きぬ》着たり薦《こも》着たりや　世の中毎日変わっている

乞食ゃお斎《とき》についた　ガツガツしたらみっともない

チャンバチって何?

丼のことです。
能美市と小松市は
九谷焼の産地ダヨ

木《こ》っ端《ぱ》で鼻かむような
ションベンこくな
しんぶりまんぶり
銭金《ぜんかね》ぞくんネー
ダラと煙《けぶり》ゃ高《たか》上がる
ダラマのふんどし
◎7日《なんか》のシンポ屁一つ
猫よりマシや
◎はげけりゃマネせー
へーぜこーぜが大切や
◎曲がり真っすぐ
めんでがわらし

他人には優しく、ていねいに
男は一つの約束を死守せいや
亀さんは必ず兎さんに勝つ
お金は一時、名誉は一生やぞ
そんなダラが貴重なんやぞ
ヒラヒラしてるとみっともない
一つの失敗が命取りなんやぞ
そうや、人間はありがたいなあ
人の一生はマネから始まる
人生は毎日毎日の積み重ね
どんな物事にもほめる点はある
ほんとに大事なのは心だよ

おりこうちゃんやから
新聞とってくれんか?
えーよ
ハイどうぞ
ありがとう
猫よりマシやなあ
ギャフン!

凡例

例 方言の実際の使われ方

意味 方言の意味

由来 元になった言葉

変化形 いろんな使い方

類語 よく似た言葉

同義語 意味が同じ言葉

反対語 反対の意味の言葉

あ

アーゆや《（言えば）》コー、コーゆやアー

例 友達に「山へ行こう」と言ったら「遭難が心配」といい顔をしない。では「海はどうや」と言うと「日焼けが困る」と言う。アーゆやコー、コーゆやアーや。

意味 言を左右にして、はっきりした応答をしないこと。由来 「ゆや」は「言えば」の意。

あいそむねー《（無い）》

例 ① 男性の場合は無口でぶっきらぼうな人、女性の場合は愛きょうが感じられない人に対して、「あの人はあいそむねー男（女）や」という。②入院して数日で亡くなった人に対して、「あいそむねーがに逝《い》ってしもた《（しまった）》」と言う。

意味 ①素《そ》っ気《け》ない。ぶっきらぼうだ。②あっけない。由来 「愛想《あいそう》がない」から転じた。変化形 （①の場合）あいそもスもねー《（無い）》。反対語 （①の場合）あいそらし。

あいそらし

例 お母さんが「あの店でいつもレジしている女の子は、ほんとにあいそらし子やわ。かわいい笑顔でいい応対するし、あの店の看板やねえ」と言った。

意味 愛想がいい。愛くるしい。反対語 あいそむねー。

あおだかす

例 兄が弟に「このゲーム面白いよ」と言っていたら、弟がどうしてもそれを買ってほしいとねだるようになった。お父さんが「よけいなこと言ってあおだかすからやゾ」と兄を叱《しか》った。

意味 欲望に火をつけてその気にさせる。

あおのきてんば

例 子供が大の字になって眠っているのを見て、お母さんが「まあ、あおのきてんばになっとるわ。気持ちよさそうやね」と言った。

意味 仰《あお》向いて大の字になって寝そべること。由来「あおのき」は「仰《あお》のく」の意。

あ

あきしょもん（者）

例「お前みたいなあきしょもん（者）は、大人になっても立派な人間になれんゾ」とお父さんに諭《さと》された。

意味 飽きやすく、物事が長続きしない性格の者。由来「飽《あ》き性者《しょうもの》」の訛《なまり》。

反対語 しんぶりまんぶり。

あけすけはだか

例「あんたはいっぱいお金を貯め込んでいるちゅう噂やけど本当か」と言う人に対して、お父さんが「そんなことは絶対にないわ。ウラ（私）はいつもあけすけはだかの男やし、あればある、なけりゃネー（ない）ちゅうわ」と言った。

意味 隠しごとのない様子。類語 めっこめざらし。

あしみずくない

例 お兄ちゃんが「1万円あしみとったけど、あしみずくないやったわ。7千円しかもらえんだわ」と言った。

意味 あてが外《はず》れること。

あしみとる

例 お兄ちゃんが「今年のお年玉は全部で1万円あしみとるんや」と言った。
意味 あてにしている。

あせくらし

例 貧乏ゆすりをする癖《くせ》がある人に対して、「お前の横におっと《（いると）》あせくらして どーむなんわ《（どうにもならない）》」と言う。
意味 せわしない。落ち着きがない。 変化形 あしくらし。 同義語 じきゃネー。

遊《あそ》んどる

例 最近いつも家でぶらぶらしている男性に「今何しとれん？《（しているの）》」と聞いたら、「前の仕事やめて遊んどるんや」と答えた。 また、家事に専念している女性のことを、「あの人は家で遊んどる」と言った。
意味 仕事をしていないことをいう。 由来 昔の農作業はキツイ仕事だったので、仕事をしていない人は楽をして遊んでいるように見えたのであろう。

あたりまえのチャンバチ

例 お金のムダ遣いを戒めた友人に対して、お父さんが「そんなこと分かっとるよ。あったりまえのチャンバチやがいや」と言った。

意味 「あたり前だ」という意を面白く表現した慣用句《かんようく》（チャンバチは丼《どんぶり》のこと）。

変化形 あったんめんチャンバチ。

あっくーりする

例 つらい田植え作業を終え、食事も入浴も済んでくつろいでいた時、お母さんが「あーあ、こんで《（これで）》あっくーりしたわ」と言った。

意味 大事な仕事を終え、ほっとしたときの気持ち。

あったらもんな

例 食べ物を残したとき、まだ使える物を捨てたときなどに、「あったらもんなことすんなや。バチ《（罰）》があたるゾ」とお爺さんから言われた。

意味 もったいない。

あっちゃこっちゃ

例 ①着物の前合わせを左右逆にしている子供に対して、「そりゃあっちゃこっちゃがいや」と言う。②すごく忙しく動き回って仕事している人に、「そんなにあっちゃこっちゃしとったらダメや。落ち着いて仕事しとる方が結局早くできるんやぞ」とお爺さんが言った。

意味 ①左右があべこべのこと。②あちらこちら。四方八方。類語 いーちくたーちく。

あっりょに使う

例 お母さんが「便利な台所がほしい、電気製品を揃《そろ》えたい」と頼んだら、お父さんが「少ししかない貯金をあっりょに使《つこ》うてしもたら、明日からお粥《かゆ》食べとらんなんゾ」とたしなめた。

意味 お金や物をあるだけ全部使う。由来「あっりょに」は「あるように」の訛《なまり》。

あてぎな

例 尋ねられた質問に要領よく、短時間に答えるべきところ、くどくどと廻《まわ》り回った言い方をしていると、「あてぎな返事しとんなや」と言われる。

意味 その場しのぎのような不十分な仕事や、辻褄《つじつま》の合わない言動をいう。由来 倒れそうな物を一時的に支える「あて木」又は「宛《あ》てがう」の意。変化形 あてがいな。

あてしごと

例「我が家では、6年生の兄がニワトリの世話、3年生の弟が茶碗ふきを、あてしごとにしている」とお母さんが言った。

意味 特定の人に割当てて、責任を持たせる仕事。

アバラ出す

例 お父さんとお母さんがケンカして、近寄ることもできない。お母さんがお父さんの小遣《こづか》いを減らそうとしたらしい。お父さんは、「そんなこと言うんなら、ウラ《（自分）》もアバラ出してやるゾ」と言って怒っている。

意味 やけくそになる。居直ってあばれる。由来「アバラ」は「肋骨《ろっこつ》」のこと。

あまみおこす

例 お母さんの手作りアップルパイがすごくおいしかったので、「明日また作って」と頼んだら、お母さんが「あら、この子はあまみおこしとる。これは手間暇かかるし、そんなに毎日作っとれんがや」と言った。

意味 味をしめて、「もっと」と思う気持ち。由来 「甘味」から派生。

アミダの沙汰《さた》も銭《ぜん》ぎり

例 お母さんが今度の法事《ほうじ》でお布施をいくら包むか迷っていたら、お父さんが「アミダの沙汰も銭ぎりいうから、少し多めに包めや」と言った。

意味 救われるかどうかはお布施の金額次第だ。由来 標準語の「仏の沙汰も銭《ぜに》」と同義だが、真宗王国らしく「アミダ」に変化している。

あもりがネー（無い）

例 ①水道の栓から水が少しずつ漏《も》れているのを見て、お父さんが「あもりのネー閉《し》め方したモン（者）は誰や」と怒った。②子供が話に興《きょう》じて食べ物をこぼしたとき、お母さんが「あもりのネー食べ方すんなや」と注意した。

意味 ①しまりがない。②口から食べ物をこぼす。由来「雨漏《あまも》り」が転じた。

あゆたましい

例 子供はかわいいものではあるが、反面、うるさい、いじくらしい、やかましい、汚ない、手がかかるなど、苦労も多い。子供が何人かで騒いでいると、「あゆたまっしゃー。こどんども（子供たち）は外へ行って遊んどれ！」と昔、よく大人が言っていたものだ。

意味 うるさい（特に子供に対していう）。類語 いじくらし。

あん？

例 お爺ちゃんは最近、耳が遠くなってきて、何度も「あん？」と聞き返すので、大きな声で言ってあげんなん。

意味 「え？」と聞き返す言葉。

あんやとー

例 他の人から品物をもらった時、何か世話になった時、店員が客から代金を受け取った時、その他多くの場合に「あんやとー」と言う。

意味 「ありがとう」の意だが、方言なので少しくだけた調子になる。

いーちくたーちく

例 お父さんが今日、会社の大事な会議で失敗したらしい。「急に会議資料を追加せんなんことになって、あわてて準備したら、何か所もいーちくたーちくになってしもたんや。赤っ恥《ぱじ》かいたわ」と言っていた。

意味 （主に本のページの）表と裏、上と下、ページ順がちぐはぐになっていること。

類語 あっちゃこっちゃ。

いい（いー）

例 春はお母さんが連日、田植えで忙しい。今日も「あの家から来てもらったし、今度はいいに行くんや」と言って早くから出掛けた。

意味 農作業を互いに労働提供し合うこと。由来 標準語の「結《ゆ》い」が訛った。

いくせー

例 誰かがおいしそうな万頭《まんじゅう》を食べているのを見て、「ウラ（私）にも1ついくせーま」とお兄ちゃんが言った。

意味 「よこせ」と強圧的にいう言葉。類語 くれま＝「ください」の意で、「いくせ」ほど強圧的ではない。

いじくらし

例 蚊《か》やハエがいると「ああ、いじくらっしゃー」と言う。子供があれこれとねだっていると「いじくらしこと言うとんなマー」と言う。

意味 うるさい。まとわりつくのが面倒だ。類語 あゆたましい。

いちげ（いちがい）

例 「隣の爺さんはいちげもん（者）や」とか、「あんまりいちげなこと言うとっと友達なくすゾ」という。

意味 ガンコ一徹なこと。転じて、他人の意見を聞き入れない自分本位な人のこと。

変化形 いちげきちげ＝いちげも度が過ぎると気違いと同じだ、の意。

いっけまつい

例「あの人は市会議員に出るという噂やけど、いっけまついが多いから大丈夫やろう」とお父さんが言っていた。

意味 近縁《きんえん》や遠縁《とおえん》を含めた親戚全部のこと。由来「いっけ」は「一家《いっけ》」の意。「まつい」は係累《けいるい》の意。

行っても八里《はちり》

例 ①登山に出掛けて、山小屋まで2時間のつもりがもう3時間が過ぎ、辺りも薄暗くなってきた。誰かが「こりゃ行っても八里や。道に迷っとるんないか」と言い出した。②いつもは10人でする作業が3人しか集まらず、長時間働いてもはかどらない。誰かが「もう疲れた。行っても八里なら今日はこれで終了にして、明日またやろっさ」と言った。

意味 ①どれだけ歩いても先が見通せないこと。②作業量が厖大《ぼうだい》で終りが見えないこと。

いんなべ

例 隣のお爺さんと「そろそろキノコが出る時期やな」と話していたら、その後にあっという間に仕度《したく》をして出掛けて行った。「あの爺さんもいんなべやなあ」と皆んなは笑った。

意味 素早く行動に移すこと。由来「煎《い》り鍋《なべ》」の意。関連語 いんなべキンタマ＝せっかちなこと。又はせっかちな人。

うざくらしい

例「うざくらっしゃー、庭にまた蛇がおったわ」とお母さんが言った。

意味 気味が悪い。

うたっちゃー

例 農繁期の真っ最中、あてにしていた親戚が急に応援に来られなくなり、お父さんが「うたっちゃなー」と言った。

意味（うまく事が運ばず）弱ったなあ。由来「うたてやなー」から変化。

うっさらかちむく

例 友人に会ってあいさつしたのに、他の方を向いて、うっさらかちむく態度だった。何かこの友人に悪いことでもしたかなと、思いめぐらした。

意味 知らんぷりする様子。

ウラウラ、オミヤオメ

例 年配の婆さんが2人話し込んでいる。年も年だし、もう今までのような交際はやっていけないと話して、「今後はウラウラ、オミヤオメやねえ」と言っていた。

意味 私は私、あなたはあなた（別々にやっていきましょうの意）。由来「ウラ」は「私」、「オメ」は「あなた」の意。明治生まれの人は、女性でも自分のことを「ウラ」と言った。

うるしむせー

例 息子が有名大学の医学部に合格した時、父親は開口一番、「ウラ《（私）》はうるしむせーがや」と言った。

意味 嬉しさ半分、心配半分な気持ち。予期せぬ幸運に出会ったときの揺れる心をいう。由来「うるし」は「嬉しい」、「むせー」は「むさい」と心配する気持。

えーに悪いゃついとる

例 広告ですごく評判になっている製品に飛びついて購入したが、しばらくで欠点に気付いた。「万事すべて良しということは、めったにない。えーに悪いゃついとるもんや」という昔の人の言葉を思い知った。

意味 いいことの裏には悪いことが付いている。「好事魔多し《こうじま》」と同義の諺《ことわざ》。

由来「えー」は「良い」。変化形 えーもんの悪いもんや＝いい物事にも必ず悪い点がある。

えーわ

例 ①友達から明日暇かという電話があり、ちょうど暇をもて余していたので「おー、えーわ」と返事した。②通信販売の品物が宅急便で届いた。お母さんが「この前電話で勧誘あったけど、えーわ言うて断ったのに」と言ったら、お父さんが、「そりゃダメや。えーわ言うたら、OKやという意味になってしまうんや。早《は》よ送り返せや」と言った。

意味 ①いいですよ（＝肯定）。②お断りします（＝否定）。（全く反対の意味になってしまうので紛《まぎ》らわしいが、語調や身振り手振りで判断することになる）

変化形 えーよ。えーぞ。いいわ。

えさき

例 昔は兄弟が多く、毎日兄弟ゲンカが絶えなかったものだ。とうとう母の堪《かん》忍袋《にんぶくろ》の緒が切れ、「えさきばっかりしとるモンドモ（者たち）に飯やらんゾ」と怒った。

意味 けんか。口論。由来「諍《いさか》い」から変じた。

えさる

例 ①「あの人はハゲ頭のことを言われたらすごくえさる人やし、気をつけんなんよ」②「あの人はムコドン（おむこさん）顔してえさっとるだけあって、まじめによく働く人やわ」

意味 ①怒る。②いばる。

えちゃきなー

例 保育園児の遊戯《ゆうぎ》会で、お爺ちゃんとお婆ちゃんが涙を流しながら「えちゃきなー」を連発していた。

意味 幼児のしぐさを「かわいいなー」とほめる言葉。

えっぺ

例「ご飯をえっぺ食べたら、もう動けん」「昨日仕事をえっぺしたさけ（から）、今日は休まんなん」という。

意味 いっぱい。類語 でかと。反対語 ちょっこ。ちょっこり。

えとしぎに

例 親戚に慶事があり、お祝いの品を持って行ったら、相手の人が「えとしぎにー、ごもっつぉさまなにー、あんやとー」とお礼の言葉を連発していた。

意味「ありがとう」との感謝の言葉。類語 ごもっつぉさま。あんやとー。

えとっしゃー

例 隣のお婆さんが来て、「〇〇さんが亡くなったそうやネ。あの人は3年も寝たきりになっとって家族が皆んな苦労しとったんや。えとっしゃー」と言った。

意味 かわいそうに（病気になったり死亡した人に対していう言葉）

えどる

例 お父さんが「あの人はタイかマグロしか食べんよ。イワシやサンマは絶対に食べんがや」と言ったら、お母さんが「お金持ちやと思ってえどっとる人やなあ」と答えた。

意味 好き嫌いが激しくて、好きな物しか選《よ》り取《ど》りしないこと。

えばら

例 酒を飲んだら必ず周囲にケンカを吹っ掛ける人がいる。「あの人はえばらやから、用事がある時はまだ酒が入っていない間に済ませた方がいい」と皆んなが言っている。

意味 酒ぐせの悪い人。 変化形 えばらこく。

エボーとる

例「あの人は老衰で死んだというけど、戦争で大ケガをして、それが最期までエボーとったんや」とお爺さんが言った。

意味（悪いものが）あとまで尾を引いている。

えれー

例「これくらいの仕事でえれーとか、休みたいとか言うとるようじゃ、まだまだ鍛《きた》え方が足りんな」とお父さんに言われた。

意味 苦しい。疲れた。

えんばな

例 旅行中に大雪に見舞われ、車中に3日間カンヅメになったとお父さんが言ったら、お母さんが「えんばな目に遭ったネー」となぐさめていた。

意味 困った状態になること。

オー

例 あるお医者さんへ行った時の笑い話。先生に「オー」と応えたら、「お前はノンゴリのモン《（者）》やろ。そんな横着《おうちゃく》な返事はあるか。はいと言え」と叱られた。それで返事をした時、また「オー」と言ってしまった。

意味 応答の返事で、「はい」のこと。

おーどな

例 お皿の料理のうち、好きな物だけ食べて他を残した時、服が気に入らないと言って捨てた時――こんな子供はお母さんに「おーどなことしとんなマー」と言って叱られる。

意味 横着なくらいもったいないこと。

おあたいな

例 近所に赤ちゃんが産まれたのを見に行って「まあ、元気そうで福々な顔をしとるわ。おあたいな子やネー」とお母さんがほめていた。

意味 （神様から授かったくらいに）すばらしいと、幼児やその行ないをほめる言葉。

おいそ

例「この絵は近くで見てもよう解《わか》らんけど、おいそから眺めると引き立つよ」という。また、犬にエサをやる時、怖くて遠くからやっていたら、お父さんが「そんなおいそから世話しとらんと、近づいて頭なでてやれよ」と言った。

意味 後《うし》ろまたは少し遠めの場所のこと。

おいりがある

例 床の間に九谷焼の観音《かんのん》さんや布袋《ほてい》さんの置物が並べてあるのを見て、来客が「これはおいりがある立派な家宝やねえ」とほめてくれた。

意味 貫禄がある。神々しいような品格がある。

負《お》うてくれ抱《だ》いてくれ

例 子供がものすごく甘えん坊で、もう小学生にもなるのにお母さんの手から離れない。お父さんが見かねて、「いつまでも負《お》うてくれ抱《だ》いてくれじゃダメや」

と諭《さと》した。

意味 甘えすぎていること。「おんぶに抱《だ》っこ」と同じ。由来「負う」は「背負う」で、おんぶすること。「抱《だ》いて」はだっこすること。

おうぼ

例「ウチは親戚が多いから、冠婚葬祭ごとにおうぼも多くて大変やわ」とお母さんがいつも言っている。

意味 慶弔ごとに対する出費のこと。

おきゃ《（が）》ある

例 お父さんがお酒を大瓶で買ってきて「この瓶やとおきゃあるワー。いくら飲んでも減らんわ」と言った。また、農繁期には早く起きて仕事をするので、「1日がおきゃあり過ぎてドーモならん《（かえって大変だ）》」と言った。

意味 残りの量がある。由来「おき」は「貯《た》め置《お》き」か。

おく

例「長い間勤めたけど、もう嫌になってきたんで、この会社をおくことに決めた」
意味 仕事を退職すること。何かを途中で止めること。

おこまいか

例 お爺ちゃんはよく「正月3日、盆3日、祭りや2日でおこまいか」と言う。昔から遊びグセがつかないように、それ位にしておこうということらしい。
意味 止《や》めようじゃないか。由来「おく」は止《や》めるの意。

おぞい

例「ごちそうするというので食事せん（せずに）と行ったら、おぞい食べ物しかなかった。口直《くちなお》しに何かすぐ作ってくれ」と帰ってすぐ、お父さんがお母さんに頼んだ。
意味 粗末な。まずい。

おちょくる

例 相手の人をほめるのは良いが、あまり軽口で下手なほめ方をすると、「おちょくっとるんか」と言われて逆効果になることがあるので要注意。

意味 多少馬鹿にしてからかうこと。

お使《つか》い物《もん》にしる(す)よな

例 色・形ともすごく立派なスイカがとれた時、お母さんが「こりゃ(これは)お使《つか》い物《もん》にしるよなスイカや」と喜んだ。子供が大きなアクビをした時、お父さんが「お使い物《もん》にしるよな立派なアクビやな」と笑った。

意味 立派な。形が美しい。由来「お使い物」とは、すごく立派なので親戚などへの贈答品とする物のこと。

おっそな

例「あの人はあっちであー言う、こっちではこう言う。全く信用できないおっそな人や」「商品に不具合があったんでお店へ行って取り替えてくれと言ったら、受付の人が何やかやと話にならん応対やった。おっそな店やなあ」

意味 いい加減な。話にならない。

おっとーりしめて

例 子供が言いつけを守らず、プイと遊びに出掛けてしまった時、お母さんが「おっとーりしめて。帰ったらお父さんにいいつけてうんと叱ってもらわんなん」と言って怒っていた。

意味「おのれ、よくも……懲《こ》らしめてやるぞ」の意（悪いことをした者を叱る時の前置きの怒りの言葉）。類語 おどりゃズーリ。

おてき

例「ウラ（私）はずっとあの人と仲良くしてきたつもりやったけど、昨日おてきゃフンという他人行儀な態度やったんで、ウラも今後考え直さんといかん」とお父さんが言っていた。

意味「相手の人」の意だが、少し反感のある人を指す言葉。

おてっぺ

例「昔は神社前広場に駐車するのを皆んな遠慮がちやったけど、最近の若いモンはおてっぺやなあ」「雪のやり場に困るのはわかるけど、道路へおてっぺで放り出すなんて、危険やし止《や》めてほしいわ」とお父さんが言った。

［意味］あたり前だという態度で物事をすること。

おとまし

［例］「店にスイカの初物が並んどったけど、おとまして買わんだわ。もっと値が下がってからにするわ」とお母さんが言った。

［意味］出費を控《ひか》える気持。

おどりゃズーリ

［例］あわや殴り合いになるかという大ゲンカは、「おどりゃズーリ、かちくらわすゾー」という恐ろしい言葉から始まる。

［意味］「おのれ、貴様は……」と、相手を目の前にして、激しく怒り狂う時に発する言葉。［由来］「おどりゃ」は「貴様は」、「ズーリ」は怒った時のかけ声。［類語］おっとーりしめて。

オボクチョな

［例］お父さんは、少しお酒が入ると気分が良くなり、他の人におごってやったり、

物を与えたりするので、お母さんに「オボクチョで困ったお父さんや」といつも言われている。

意味 他人に気前よくすること。反対語 づめな。

おめでして……する

例 幼児が泥んこ遊びをして、手足も服も泥まみれになってしまった。でもお母さんは優しく「おめでして遊べて良かったネ」と言ってくれた。

意味 精一杯楽しそうに……する。

おめでなー

例 昔は時々しか風呂に入れなかったので、お婆さんはいつも入浴後に、「おめでなー」を連発する。また、入浴後に肩をもんでやると、「おめでなー。極楽や、極楽や」と言って小遣《こづか》いをくれた。

意味 すごく気持がいいこと。

おもり持たす

例 友達が昨夜のテレビ番組の話をしていた。最後のいちばん重要なシーンの前の話を長々と説明したので、この番組を都合で見られなかった子が「そんで最後どうなってん《（なったの）》。おもり持たさんと早く最後を言うてよ」と催促した。

意味 相手をじらすこと。 由来 「おもり」は釣りに使う「重《おも》り」。

おやけ

例 衣食住の不満を言うと、いつも決まってお母さんに「おやけのお坊っちゃんになっとんな《（なるんじゃないよ）》」と叱られた。

意味 お金持ちの家。

おろかな

例 「隣の○○ちゃんはほんとうにおろかな、いい性格やわ。いつも感心して見とるんや」とお母さんが言った。お爺さんの言いつけを守らなかったら、「もっとおろかなモンになれま」といって怒られた。

意味 小さい子供の性格が素直な様子をいう。（「愚《おろ》かな」という同じ言葉があるが、意味は全く違うので注意）

おんぶらーっと

例 農作業の休憩の間にも手を休めず、必死にアクセクしている人に、お爺さんが「休む時はおんぶらーっと休んだ方がエエんやゾ」と意見していた。また、「今日、久し振りに銭湯へ行ったら、他の客が全くおらず、おんぶらーっと長風呂してきたわ」という。

意味 ゆったりとくつろぐ様子。

「かいどで遊べ」

兄ちゃんが悪い
わらびしからや
エーイ、こどんどもは
かいどへ行って遊べ
ボクが遊ん
どったんや
ウラが
先や
えさきばっか
して、あゆた
ましやー
せんじょばり
ばっかしとん
なや
エーン、エーン
兄ちゃんが
ケンカしとる

か

かいどで遊べ

例 昔はどの家も子供が多く、家の中にいるとケンカしたり泣きわめいたりと、大人にうるさがられた。そんな時、お父さんは「エーイ、やかまっしゃ。こどんども（子供たち）はかいどで遊べ」と言って家から追い出したものである。

意味 子供は家の中より、外で遊んだ方が健康にも良いと勧《すす》める言葉。由来 「かいど」は「垣戸《かきど》」で、家の玄関と垣根の間の空間。家の外。

かかりゆうな

例 ①筋の悪そうな人に話しかけようとしている友達に、「あんな人にかかりゆうなや」と忠告した。②子供が蜂《はち》を面白がって、近寄って触ろうとしていたので「ダラ、かかりゆうとったら刺《さ》されるゾ」と注意した。

意味 ①近づくな。②手を出すな。由来 「かかり」は「関《かか》わり」か。「ゆう」は、言葉を言うのではなく、「関わりを持つ」意。

かさだかな

例 友達が遊んでいて、転んで膝《ひざ》をすりむいたら「痛い、痛い、骨が折れたみたいや」と言ったので、皆んなは「かさだかやなあ」と笑った。

意味 大げさな。由来「嵩高《かさだか》」から転じた。

かすおこす

例 教室で人気者の児童に対して、先生が「お前の楽しい性格はほめてやるけど、時々かすおこし過ぎて失敗することがあるし注意せいや」と言った。

意味 ふざけて騒ぐ。変化形 かすげる。かすおこし。

かすげたほど

例 友達とビールの飲み比《くら》べをするといって、1時間でジョッキ7杯飲んだ人に対して、「そんなかすげたほど飲んだら急性肝炎おこすゾ」と注意した。

意味 常識を超えたほど。

かたい

例「あの人に限ってそんな悪いことをする筈《はず》がない。かたいカンカラカンな人やから」とお母さんが言った。

意味 まじめな（性格を表わす）

かたこで

例「お父さんにお酒の飲み過ぎは体に良くないと何時《いっ》も言うとるのに、かたこで聞こつちゅわん《（聞こうとしない）》」とお母さんが心配している。

意味 まったく。片意地を張って。変化形 かったこ。

かちくらわす

例 悪いことをした子供に対して、大人の人が「オドリャ《（貴様）》、ズーリ《（かけ声）》、かちくらわすゾ!!」と言って怒った。

意味 力いっぱいなぐる。由来「かつ」は「石で打ちつける」、「くらわす」は「ぶんなぐる」の意。合せることによって強い調子になる。変化形 かつ。かちなぐる。

ガチャ降《ぶ》り

例「昔はよく八丁川があふれたんや。ガチャ降りの中でも、川が切れんかと見に行ったもんや」とお父さんが言った。

意味 雨がどしゃぶりなこと。

かっつぁまたー

例 いつも優しく見えるお婆さんが、子供のイタズラに対して「かっつぁまたー」と言って怒ると、悪ガキ達は一斉に逃げていった。

意味 もう一度なぐるゾー。由来「またー」は、「以前にも痛い目に合わせたはずだ、反省していないならもう一度……」という殺し文句。

ガッパんなる（に）

例 子供が遊び事をして、脇目もふらずものすごい集中力を発揮している時、「ガッパんなっとる」という。

意味 子供が何かに一生懸命になっている様子。類語 しんぶりまんぶり。こんけっペ＝一生懸命という点は同じだが、ガッパんなるは脇目をふらない点が異なる。

片《かて》っぽちんぱ

例 村のヨバレからお父さんが上機嫌で帰ってきた。お母さんが履物《はきもの》を見て、「あー片《かて》っぽちんぱになっとる。お父さん、酔《よ》っぱらって誰かの靴と片方だけ取り違えたんや」と言って、すぐ走って行った。

意味 （手袋や履物《はきもの》など）左右を違えること。由来「片《かて》っぽ」は「片一方《かたいっぽう》」、「ちんぱ」は「跛行《はこう》」のこと。

かてもん

例 ①「〇〇さんは、昔は放蕩三昧《ほうとうざんまい》やったけど、最近はかてもんになっとるようや」とお母さんが噂《うわさ》していた。②お父さんが「〇〇さんはかてもんやし、気ーつけんなんよ」と言って意味あり気に笑った。どうも暴れん坊やから近寄ったらダメという意味らしい。

意味 ①まじめな人。②（全く逆に）すぐ暴力をふるう嫌われ者。由来「堅い者」から転じた。類語（②の場合）きかんもん。

かまてを刈る

例 夏の暑い日に、お父さんが汗だくで帰ってきて、「やっとかまての草刈りが終ったわ。毎年暑い盛りやから大変や」と言った。

意味 公共用地で、自分に割当てられた土地の草を刈ること。由来「かまて」は、自分の田んぼに面した用水路や河川の堤防のこと。

かまわんモン（者）

例「〇〇さんは社長の前で、会社の方針に全く遠慮なく反論したらしいよ。若いけどかまわんモン（者）やなあ」。

意味 他の意見を顧《かえり》みずに自分の意見を押し通す人。由来「構《かま》わない」から変化。

変化形 かんまんモン。かんまんやつ。

かもな

例 子供が学校の仕度《したく》をしている時に、お母さんが手伝っていたら、お父さんが「いつまでもかもとんな（かまってやるな）。もうすぐ中学生やゾ」と言った。

意味 かまうな。いらぬおせっかいするな。反対語 かもう＝「小さい子供やから、親がもう少しかもってやったらいいのになあ」

○○から

例 お父さんが「この缶ビールは（金額が）1本250円からしたんやゾ。よーく味わって飲まんなん」と言った。お母さんが「スーパー行ったら野菜がみんな高かったわ。1本190円からのキュウリ買う気せんだわ《（しなかった）》」と言った。

意味 ○○円もする（金額が普通より高すぎることをいう）。

きかんもん《（者）》

例「○○の子供は親に似《に》てきかんもん《（者）》や。いつもガキ大将になって棒《ぼう》振り回しとる。末恐ろしいなあ」とお父さんが言った。

意味 腕白《わんぱく》な子。ガキ大将。悪事を働く者。由来 大人の言うことを「聞かない者」の意。

きざえる

例 小さい子供をほめたり、おだてたりしていたら、調子に乗って大声でふざけ出して止まらなくなった。お母さんが「まあー、きざえとるわあ。あんたら、あんまりきざえさしたらダメやよ」と言った。

意味 （特に幼児が）気分が高揚《こうよう》して止まらない状態をいう。由来 「気《き》が冴《さ》える」から転じた。

絹《きぬ》着たり薦《こも》着たり

例 この頃急に羽振りが良くなった近所の人に、どうしたのと尋ねたら、「イヤー、絹着たり薦《こも》着たりやわい《（だよ）》や。確かに今は少しいいけど、明日はどうなるかわからんよ」と言った。

意味 人生はいい時もあれば悪い時もある、というたとえ。由来 「絹」は上質な衣服、「薦《こも》」はワラで編んだむしろで、粗末な服のこと。

気《き》の毒《どく》な

例 敬老の日に、近所の小学生がお婆さんに折鶴とお弁当を持って来たら、「気の毒な、ありがとう、ごもっつぉさまなにー」を連発していた。

意味 一歩下がったお礼の言葉で、ありがとうの意。

き

行《ぎょう》をする

例「〇〇さんは3年前ガンを患《わずら》ったけど今は完全に回復したみたいやね」とお父さんが言ったら、お母さんが「すごい行《ぎょう》をしとるみたいやヨ。あんたも少しマネしまっし《（しなさいよ）》」と答えた。

意味 行いを正しくする。暴飲暴食を止め生活態度を正しくする。由来「行儀」から転じた。

きょくな

例「あの人は少しお酒が入ったら、おもしろいこと言って人を笑わせるきょくな人や」

意味 おもしろい。由来「曲《きょく》な」の意。

くいちぶ

例 食後しばらくして「お母さん、またおなかすいた」と言ったら、「あら嫌な子やなあ。くいちぶみたいや」とからかわれた。

意味 病的なほどたくさん食べる人。由来「食《く》い中風《ちゅうぶう》」の意。「中風《ちゅうぶう》」のことを「ちぶ」という。

くさった

例 八方塞《ふさ》がりの状態になった時「くさったことになったなあ」と言う。相手を批判する時「あいつはくさった男や」という。

意味 良くないこと。物事がうまく運ばないこと。由来「腐《くさ》った」の意。

グスこく

例 カルタとりをして、最後に取札を数えていたら、兄さんがごまかしたので、「グスこいたやろ」と見破った。

意味 ごまかす。インチキする。由来「グス」は「ごまかし」、「こく」は「行為をする」意。変化形 グスする。グスる。グスこき。

クッツリする

例 上等な焼肉を家族みんなで楽しく、腹いっぱい食べた後、お父さんが「ああ、クッツーリしたわ」と言った。

意味 満足して充ち足りた気持ちになる。

ぐっと飲《の》み

例 苦い薬を子供に飲ませる時、お母さんは「口に入れたらすぐ、ぐっと飲みするんやゾ。どんな味かみてみようと思っとったらダメなんやゾ」と言った。

意味 一息《ひといき》に飲み込むこと。

ぐっとる

例 ある会議で、なんとなく皆んなが口裏《くちうら》を合せて一つの方向にもっていこうとしている雰囲気を感じて「これはぐっとるんじゃないかな」と思った。

意味 何人かで申し合わせて計《はか》っている。

ぐどる

例 お母さんが昔苦労したことを長々と話していたら、お父さんが「ぐどるのもそれ位にしとけや。過ぎたことは楽しい想い出だけでいいんや」と言った。

く

意味 いじけて泣き言をいうこと。

……くとんし

例 お爺さんが隣の家へ野菜を持って行って「うちの畑で朝採った野菜や。少しやけど食べてみてくとんし」と言っていた。

意味 「……して下さい」という丁寧な言い方。

ぐわちこく

例 ぐわちこきで有名な人が、自分の娘が京都へ嫁に行ったことを自慢して「京都でも人気一番のデパートで、売り場の顔として働いとる」と言っていた。皆んなは「どうせいつものぐわちこいとるだけや」と眉《まゆ》にツバをしている。

意味 過大に自慢する。変化形 がちこく。ぐゎちこき。

ケタクソ悪い

例 このごろ村の人が次々と病気になったり亡くなったりしている。お父さんが「ケタクソの悪いことやなあ。白山《しらやま》さんへ行っておまいりしてこんなん（こなければならん）」と言った。

意味 感じが悪い。 変化形 ケッタクソ悪い。

けなるい

例 友達のおもちゃが立派で、うらやましいとお父さんに言ったら、「そんなにけなるいなら、お前のおもちゃを貸してあげて、友達のおもちゃを借りて遊べばいいんや」と言われた。

意味 うらやましい。 類語 へねしい。

げんたらし

例 隣の子供に柿をあげたら、「あんまり甘くない」とか「他所《よそ》の方が大きかった」とか難癖《なんくせ》つけた。ほんとにあの子はげんたらし子供や。

意味 小憎らしい。

ごいそくに……する

例 「○○さんに魚をあげたら、大喜びでごいそくに持って帰って料理したらし

け

い」とお母さんが言っていた。

意味（嬉しいことをする場合に）急いで……する。

こうばいが早い

例「ウチの課長はほんとにこうばいが早い人やわ。世の中で出世する人は、やはり決断が早いし、正確や」とお父さんが言っていた。

意味 機《き》を見るに敏《びん》である様子。

こうばくな

例 小学生が芸能人のマネをして、それがなかなか堂《どう》に入《い》った演技だったので、皆が「あの子はほんとにこうばくな子や」と言った。

意味 子供が大人のような立派な言動をすること。

こきげがえー

例「うちの野球チームは最近投打がかみ合って、すごくこきげがえー状態やなあ」と言う。病気だった人に久し振りに会った時、「こきげはえーか？」と尋ねた。

意味 順調に物事が進んでいる様子。由来「えー」は「良い」。

こけびゃえーわ

例 いつもお高くとまっている気取り屋が、多くの人の前で大失敗した。それを聞いた人たちが、「こけびゃえーわ」と大笑いした。

意味「いい気味だ」と他人の失敗や苦境をあざける言葉。由来「こけび」は不詳。「えーわ」は「良いわ」の意。変化形 こけびじょ。類語 バッチョ。

乞食《こじき》ゃお斎《とき》につく

例 おなかを空《す》かせた子供が急いで食べ散らかしているのを、お母さんが「乞食ゃお斎《とき》についたみたいや。みっともない食べ方しんなや《（するな）》」と注意した。

意味 空腹な人がガツガツと食事にありつく様子。由来「お斎《とき》」は法事で出される精進料理で、それほどおいしくない料理をいう。

こすかん

例 すごく嫌な人と言う程でもないが、どこか鼻につく付き合いたくない人を

「こすかん人やなあ」と言う。他人に自分の欠点をズケズケと指摘された時、「こすかんこと言わんといて」と反論する。
意味 好ましくない。

こすげー

例 皆んなで楽しくお酒を飲んでいたら、一人黙って深酒をしている人がいた。「あの人の目のすわり方を見ていたらこすげーような気持ちになったわ」とお父さんが言っていた。
意味 少し怖《こわ》い。今後が不気味だ。由来 すごいに「小《こ》」が前置しているので、今後さらに嫌なことになる予感をいう。

ごたむいとんな

例 皆で力を合せて行事を成功させようとしている時、文句ばかり言って動かない人がいた。リーダーが「ごたばっかりむいとんなマー」と言って怒った。
意味 ムダな駄弁《だべん》を弄《ろう》して、文句ばかり言うなの意。由来「ごた」は「御託《ごたく》」で、自分勝手な理屈のこと。

こちょばす

例「あかちゃんを少しこちょばしてやると、すごく喜ぶよ」とお母さんが言った。

意味 くすぐる。 変化形 こちょばしい＝くすぐったい。

ごっすん太って

例「あの人に昼ごはんでも食べていったらと勧《すす》めたら、ごっすん太って、結局3杯もおかわりして食べていったわ」とお母さんが言った。

意味（少しは気遣《きづか》いすればいいのに）全く遠慮することのない様子。由来「ごっすん」は5寸（約15センチ）の意。

こっとーり

例 ①お婆さんはよく「お金を貯《た》める人は、黙っとって（ていて）こっとーり持っているもんやゾ」と言っていた。②「今日は子供もおらんかったから、こっとーり寝ることができたわ」とお母さんが言った。

意味 人知れず多量に①物を貯えたり、②何かの行為をすること。

こっぱい

例 村の顔役が3人揃《そろ》って来て、お父さんに町内会長をしてくれと頼んでいる。お父さんは、「そりゃこっぱいや。ウラ（自分）はまだ仕事も現役で忙しいし、去年病気してまだ医者通いしとるんや」と断っていた。

意味 たいへん困ること。

木《こ》っ端《ぱ》で鼻かむような

例 お父さんの友達がお金を貸してくれと頼みに来たらしい。友達が帰った後、お父さんが「ありゃダメや。ダメな商売に貸す金はないと断ったわ」と言ったら、お母さんが「そんな木っ端で鼻かむような冷たい言い方したらダメや」と反論したけど、お父さんは「そうじゃないよ。友達やから儲《もうか》らん商売は少しでも早く止めろとはっきり忠告してやったんや」と言った。

意味 相手に難儀《なんぎ》なことを強要させるような。由来「木っ端」は木の皮のことで、鼻をかむには無理なことから転じた。

こてれん

例「このお酒は最高や。旨《うま》くて旨《うま》くてこてれんわ」とお父さんが言った。

意味 応答もできない程いい感じだ、の意。由来「応《こた》えられない」から転じた。

こどんども

例 兄弟ゲンカに対して、昔の父親はよく「うるさいゾ！　こどんどもは外で遊んどれ」と一喝《いっかつ》した。また、部屋が乱雑になっている時に「こどんどもの仕《し》業《わざ》やろ」と、まず子供たちが疑われたものである。

意味「子供たち」の意だが、多少侮蔑《ぶべつ》的な表現。

小憎《こにく》らし

例「隣の女の子は、活発そうでニコニコしてかわいい子やけど、時々あいさつしても知らん顔して小憎《こにく》らしところがある」とお母さんが言っていた。

意味 少しだけ憎《にく》らしい（腹を立てる程ではない）

ごめく

例 店で小さな子供が何か欲しがって大声で泣いておねだりしているのを見て、お父さんが「しっかりごめいとるなあ。子供のごめきはなかなか手に負えんわ」と言った。

意味 （子供が）大声で泣きわめく。

ごもっつぉさま

例「先日はおいしいものをいっぱい頂いて、ごもっつぉさまでございました」とお礼を言う。

意味 おいしい食べ物を頂いたときの謝辞。 変化形 ごもっつぉさまなにー。 類語 えとしぎに。

ごろ吹く

例「あの人は柿が大好物らしくて、家の裏の柿を持っていったら、ごろ吹いて喜んどったわ」とお母さんが言った。

意味 （のどを鳴らすくらいに）大喜びする様子。

こんけっぺ

例 ①「あの人が優勝したのは当然や。いつもこんけっぺ練習しとったからなあ」
②「子供がすごく危ない自転車の乗り方しとったから、こんけっぺ、汁の出るくらい叱ってやったわ」

意味 ①一生懸命に物事に取り組んでいる様子。②すごくいっぱい。由来「根気いっぱい」から転じた。類語 ガッパんなる。

こんじょよし

例 失敗した時、損をした時、その他あらゆるマイナスに陥った時に「ダラ、ぼけ、こんじょよーし」と三連発で当人がけなされる破目《はめ》となる。

意味 お人良しすぎて、いつも損ばかりしている馬鹿者。由来「こんじょ」は「根性」。「よし」は「好《よ》し」。したがって本来はお人良しの意だが、転じて馬鹿者のことをいう。類語 ダラ。ぼけ。反対語 こんじょわる＝性格の悪い人。

ごんちゃな

例 お母さんが煮物の料理をして、いろんな物を混ぜて煮たら、お父さんが「ごんちゃな煮物やなあ。別々に煮て別皿で出したりして、もっと体裁良く出来んけ」と言った。

意味 汚ない。体裁が悪い。

……こんなん

例 噂話というのは楽しいものである。今日も隣のお母さんが来て、「これ絶対に他の人に言うこんなんげんよ。貴方だけに言うんやゾ」と内緒話《ないしょばなし》をしていった。しかし後でほとんどの人が知っている話だとわかった。

意味 （……の動作を）してはいけない。変化形 言うこんなん。見っこんなん。しっこんなん（＝してはいけない）

さ

ざいごくせー

例 料理が素朴すぎるとき、服装や態度が下品なときなどに「ざいごくせーなあ」と言われる。

意味 田舎《いなか》っぽいとか、洗練されていない状態をいう。由来「ざいご」は「田舎」のこと。田舎には良い所と悪い所があろうが、この言葉は田舎の野卑《やひ》をいう。

……さがす

例 子供がケンカをして、相手に「お前なんか蹴《け》っさがしてやるゾ」と意気込んだ。古くなった家財を捨てるときに、お父さんが、「こんな古くさい要《い》らんモン《（物）》は放《ほお》っさがしてしまえ」と言った。他に、「子供が大泣きしてわな《（わめき）》っさがしている」などという。

意味 無茶苦茶に何かをする時の接尾語。

さ

ほめ言葉

子供	大人
えちゃきな　（かわいい）	きょくな人（面白い人）
おあたいな　（すばらしい）	仕事っし　（よく仕事をする）
おろかな　　（素直な）	
こうばくな　（利口な）	
はつめな　　（賢い）	
めんでがわらし（不細工だがかわいい）	
んますな　　（肥った、立派な）	
子供・大人共通	
あいそらし　（愛くるしい）	
かてもん　　（まじめな）	
りくつな　　（気立てがいい）	

うわー
こんにけなさっ
たらどんなんわ
子供はえっぺ
ほめてあたる
んや。エーなあ
大人はなーん
ほめてあたらんがや
カワイソー

けなし言葉

子供	大人
あゆたまし　（うるさい） グスこき　（ごまかす） せんじょばり　（1人じめする） チャガ　（あわてんぼう） バッチャメロ　（お転婆） ひねくらし　（子供らしくない） わらびし　（子供っぽい）	いちげ　（いちがい） えばら　（酒ぐせが悪い人） おっそな　（いい加減な） くいちぶ　（大食漢） ぐゎちこき　（自慢する） 三味線こき（軽口をたたく） ションベンこき（約束を破る） じらくさい（助平っぽい） すこべった（高慢な） どくしょな（不義理な） ととのわん（理屈に合わない） とんちく　（理解しがたい） どづま　（下手くそ） むくっしょな（素っ気ない） もぎり　（反論ばかりする） ものぐり　（気違いじみた） もんち　（素直でない）
子供・大人共通	
あきしょもん　（すぐ飽きる） きかんもん　（ガキ大将、悪事を働く者） げんたらし　（小憎らしい） こすかん　（にくたらしい） じまんらし　（生意気な） しょまだれ　（下手くそ） ダラ・ぼけ・こんじょよし（馬鹿） ちゃべ　（口が軽い人） 調子もん　（すぐ調子にのる） のぼしもん　（のぼせ上がっている） もごたらし　（しゃくにさわる）	

刺《さ》すほど……

例 お母さんに「今日はトンチャンが食べたい」と言ったら、「なんであんな気持ちの悪い物食べたいんや。ほんとに食べたいんか？」と聞くので、「ほんとに刺《さ》すほど食べたいんや」と頼んだ。

意味 がまんできないほど……したい。

……さっせ

例 今日は大事なお客さんが来ているので、お父さんがムコ座《ざ》へ誘って「ここに座《すわ》らっせ。遠慮のう（なく）飲まっせ」と言ってお酒を勧めた。

意味 どうぞ……して下さい（相手に対する丁寧な言い方）類語 ござっせ＝お越し下さい。

サラ開《あ》ける

例 お父さんが帰ってきて、玄関の戸が開いていたのを見て、「玄関をサラ開《あ》けたもん（者）は誰や。閉めとかんと不用心《ぶようじん》やがいや」と言った。

意味 玄関の戸や大事な出入口などを全開したままにしておくこと。

さらえつける

例 お爺さんが丹精《たんせい》していた盆栽を子供がへし折ってしまった。お爺さんはカンカンに怒って、「こんなことしたのは誰や。さらえつけてやるゾ」と言った。

意味 相手をこっぴどくこらしめる。 由来 「攫《さら》う」から変化したか。

地《じ》ーして……する

例 子供が大好きな焼肉を食べる時、座を整え、手を洗って腕《うで》まくりしているのを見て、お父さんが「地《じ》ーして食べる気やな」と言って笑った。

意味 （しっかり態勢《たいせい》を整えて）がむしゃらに……する。 由来 「地ならしして」から転じたか。

じきゃネー

例 ご飯を食べる時に、子供が「お腹すいた。早く、早く」と言うので、お父さんが「じきゃネーこどんども（子供たち）やなあ。そんにあわてんなマー」と言った。

意味 落ち着かない。せわしい。同義語 あせくらし。

しげむしゃになる

例 テレビで警察官が犯人と取っ組み合っているのを見て、「お互いにしげむしゃやなあ」と言う。また、子供同士が柔道で戦っている時「しげむしゃでよく頑張った」とほめる。

意味 ある人が、これ以上ない程に必死になっている状態をいう。由来「死げ武者」の意。

仕事っし

例「お隣の父ちゃんは毎日必ず遅くまで田んぼで働いている。あの家は昔から仕事っしの家系やからなあ」とお父さんが言った。

意味 仕事をよくする人。由来「する」を方言では「しる」という。ここでは「し」の一言で「する人」の意味。

したーっち

例 お父さんが無遅刻・無欠勤30年で会社から表彰された。お母さんが「大変ご苦労様でした」とねぎらったら、「したーっち。雨の日も雪の日もあったけど、継続は力なりやゾ」と自慢した。

意味 「そのとおりだ」と自慢気にあいづちを打つ言葉。

じまんらし

例 「あの人のじまんらし態度がどうも気にくわない」

意味 生意気な。尊大な。由来 「自慢らしい」から転じた。変化形 じんまんらし。

しもーていく

例 お爺さんは「生まれたもん《者》は必ずいつかはしもーていかんなんがや」といつも言っている。

意味 死んでゆく。由来 「しもう」は片付けるの意。

シャーにな《ん》る

例 柔道大会で両者が必死の技をかけ合っているとき、特にそのスピード感あふれる戦いぶりをたたえて「2人ともシャーんなったいい勝負やったなあ」という。

意味 ある人の動作が一生懸命で、ある程度において様《さま》になっていることをいう。

しゃくる

例 子供が縄ないに初挑戦して、お父さんが教えていた。しかしなかなかうまく出来ないので、お父さんの指示が厳しくなり、するとよけいに子供が出来なくなった。お母さんが見かねて、「お父さんがそんなにしゃくったらよけい子供が萎縮《いしゅく》するんや」と言った。

意味 厳しい口調で相手に指示を与えること。由来「杓《しゃく》る」という、杓子《しゃくし》で物をすくう行為の意から、口調を示す言葉に転じた。

じゃちゃむネー

例 服装が乱れている子に対して「じゃちゃむネー格好《かっこう》やなあ」と言う。行儀の悪い態度に対して「じゃちゃむネーことしとんなや」と注意する。

意味 常識外れで見苦しいことをいう。

じゃまねー

例 友達が今日遊びに行ってもいいかと尋ねたので「じゃまねーよ」と答えた。

意味 大丈夫だ。それを行えば良い。由来「じゃまではない」「じゃまになっていない」から転じた。同義語 どうむねー。

しゃみせんこく

例「あの人はしゃみせんこくのが上手《うま》いから、ついだまされてしまうので要注意だ」とお父さんが言っていた。

意味 軽口で相手を言いくるめる。由来「三味線《しゃみせん》」の意。

しょうしな

例 お爺さんの食事を見て、孫の女の子が「もっと海産物を増やして、ご飯はこれ位で」とか家庭科で習った知識を教え始めた。お母さんは冷や汗もので「ごめんなさい。しょうしな子で」と言っていた。

意味 子供が一知半解の知識にもかかわらず、知ったかぶりをして、能弁な言動を

すること。（親が恥かしいと感じて、軽くたしなめるときの言葉）

ショコに入れて……する

例 中学生になった時、お父さんに「もうこれからはダラダラと机に座っとるだけやったらダメやぞ。ショコに入れて勉強せいや」と言われた。

意味 真剣に物事に取り組むこと。変化形 ショコに入っとらん（本当に必死になって取り組んでいない）

しょちびんな

例 結婚披露宴や誕生祝など、北陸地方は冠婚葬祭をとかく豪華にする傾向がある。多少でも節約しようとすると、「しょちびんなことすんなや」という親戚が必ずいるものだ。

意味 ケチくさい。見ばえが悪い。由来「処置貧」から転じたか。

しょまだれ

例 少年スポーツの大会で、勝負の分かれ目のところでミスが出て負けた。監《かん》督《とく》が「エーイ、しょまだれ！」と唸《うな》り声をあげた。
意味 下手《へた》くそな人。技能《ぎのう》が劣る人。変化形 しょまな＝下手《へた》な。

ジョンな

例 ある会の運営方法を今後改めていこうと話し合っていた時、ある人が「そんなジョンな改革は筋が通らん」と言った。また「そんなジョンな話しや（話は）どこにあるいや（どこにもないよ）」と言って反対した。
意味 それは道理に合わないと、相手の意見に反発する言葉。

ションベンこく

例 何人かで旅行する約束をした後、1人が断りの電話をしてきた。何かと言い訳をするが、真意が不明だ。皆んなは「あの人はしょっちゅうションベンこくんや」と言っている。
意味 約束を破る。ドタキャンして他に迷惑をかける。由来「ションベン」は「小便」だが、なぜこんな慣用句が生じたかは不明。変化形 ションベンこき。

じらくさい

例 女の人に何かと親切すぎたり、長話をしかける男に対して、皆んなは「あの男はじらくさい奴《やつ》や」と言っている。

意味 助平《すけべい》っぽい。エッチな感じだ。変化形 じらくせー。じらま＝じらくさい人のことだが、単に「じら」という時もある。

しんきくさい

例「うちのお爺さんは昔の人やから、藁《わら》1本、新聞紙1枚も大切にせいや（しなさい）とうるさいんや。ムダ使いは良くないけど、あんまりしんきくさいのも困るわ」とお母さんが言った。

意味 古くさい。時代遅れだ。

しんげ銭《ぜん》

例 お父さんに新しいゲームソフトほしいと頼んだけどダメだった。そしたらお母さんが「しんげ銭《ぜん》あるし、後《あと》でネ」とそっと耳打ちしてくれた。

意味 へそくり。内緒《ないしょ》で貯めたお金。

しんぶりまんぶり

例 趣味で手作りの木箱を仕上げようと夜遅くまで頑張っている子供を「しんぶりまんぶり、まじめに精を出しているなあ」と家族はほめている。

意味 根気よく、長時間かけて物事に取り組んでいる様《さま》をいう。多少不器用でも一生懸命さをほめていう。反対語 あきしょもん。

スサー

例 会社の会議で、以前から考えていた提案をしたら、参加者から「スサーおもしレンナ（それは面白いな）」と賛同された。

意味 「それは」の意（発音としては「スサー」となる）

すこべった

例 口ばかり上手で高飛車な態度をし、実際には全く下働きをしない人が世の中にはいるものだ。そんな人をけなして、「ありゃあ、すこべった奴《やっ》や」と言う。

し

意味 生意気な。高慢な。

セーがない

例 ある人に採れたての野菜をあげたのに、次に会った時全く知らん顔だった。お父さんは「あの人はセーのない人やなあ」と言っていた。

意味 張り合いがない。尽くし甲斐がない。

せーもむ

例 子供はちょっとしたことで怒って、地団太踏《じたんだ》むことがある。お父さんが「そんなにせーもんどっても、自分が損するだけやゾ」と言ってなだめた。

意味 腹を立てる。怒る。由来「せー」は不明だが、「もむ」は「揉《も》む」か。

せっぺ

例 「さあ、いい肉買ってきてやったゾ。皆んなせっぺ食べや」とお父さんが言った。

意味 せいいっぱい。たくさん。

背中ハゲとる

例 昔の農家は朝から晩までほんとによく働いた。少し余裕のある時期でも畑仕事や日雇い人夫をして働いたものだ。しかし、怠け者というのは必ずいるもので、村の人々から「ありゃ背中ハゲとる」と揶揄《やゆ》され、その人の田んぼは明らかに他と違って美しくなかった。

意味 働く意欲のない人を貶《おとし》める言葉。由来「寝てばかりで背中の皮がハゲている」から転じた。

せやネー

例「せっかくおいしい料理やと思って作ったが（の）に全然喜んでくれんから、せやネーわ」とお母さんが言った。

意味 はぐらかされてやる気がなくなること。由来 標準語では「せいがない」の意。

銭金《ぜんかね》ぞくんネー

例 子供が難病で、医師から高い治療費がかかると言われた。両親は「銭金《ぜんかね》ぞくんネーし、十分な治療をお願いします」と医師に答えた。
意味 お金の問題ではない（それ以上に大切な事柄《ことがら》だ） 由来 「ぞく」は「属《ぞく》」か。
類語 欲も得もネー。

せんじょばり

例 オモチャを奪い合って、兄弟がケンカを始めた。お母さんが「2人ともせんじょばりしとんなマー」と言って、オモチャを取り上げてしまった。
意味 （主に子供が）固意地《かたいじ》を張って物事を独占しようとすること。

……ぞいや

例 お父さんとこけ採り《（きのこ）と》に行って、すごく美しいこけを採《と》ったら、「そりゃ毒キノコや。食べれん《（食べられない）》ぞいや」とお父さんに言われた。
意味 「……だよ」をもう少し強調した言い方。

そそな

例 子供に庭そうじを頼んだけど、ちっともきれいになっていないので、お爺さんが「そそな仕事しかせん《（しない）》子やなあ」とけなした。

意味 仕事が雑なことをいう。由来「粗相《そそう》」の変化か。

空歩《そらある》き

例 昔の冬は雪が多く、寒さも厳しかった。子供たちが皆んなで「空歩《そらある》きしようヨ」と言って、田んぼの上をずっと遠くまで歩いていった。

意味 冬の朝、雪が固い時に、普段行けないところへ歩いて行くこと。由来「そら」は、「空中を飛ぶかのように、行けない所へ行ける」の意。

たいそ

例 ①娘の結婚式が終って、両親に対して親戚の人が「おたいそやったね」と声をかけた。②隣の人が娘の結婚祝の品を持ってきて「たいそなモン（物）でもないけど使って下さい」と言った。

意味 ①すごく大変なこと。②すごく立派なこと。 由来 標準語の「大層」から転じた。

ダタイがない

例 放蕩《ほうとう》息子を立ち直らせるため、親や友人が何度も教え諭《さと》したが、一向に改めようとしない。とうとう皆んなは「これじゃもう意見をするダタイがねー（ない）わ」と言ってあきらめてしまった。

意味 援助や指導をしてもムダだ（本人に受け入れる気持ちがない） 変化形 ダタヤネー。

だっちゃん

例 危険なことや世間の道に反したことをしようとした人に対して「そんなことしたらだっちゃんゾー」と警告する。

意味 それはダメだ。そんなことしてはいけない。変化形 だちゃかん。反対語 だんね。

誰《だっ》りゃんネーけど

例 昔、少し野良《のら》仕事をしたらすぐ「疲れて死ぬ」を連発する怠《なま》け者がいた。お父さんがこの前「誰《だっ》りゃんネーけど疲れた。死にそうや。助けてくれ」と言ったら、お母さんに「ダラな真似《まね》しとんなや」と叱られた。

意味 誰かの言葉に事寄《ことよ》せて言う時の発句《ほっく》。直訳すると「誰かの言《げん》じゃ無《な》いけど」という意味。

旅から帰る

例 村の中に皆が「京都」と呼ぶ家がある。お父さんに尋ねたら、「あの家の主人がずっと京都で働いとって、そんで旅から帰ったから屋号が京都になったん

「や」と言った。

意味 遠い所へ働きに出ていた者が、地元へ帰ること。由来 「旅」とは、他郷への長期間の出稼《でかせ》ぎの意。反対語 旅に出る。

ダラ

例 実に多くの場面で使われる。「エーイ、ダラなことしとんなや」とか、「そんなダラな話しや、どこにあるんや」とか、「馬鹿」の三重奏で怒りの気持ちを強調するとき、「オドリヤ《（お前は）》、ズーリ《（かけ声）》、ダラ、ぼけ、こんじょよーし！」と言う。

意味 馬鹿（少し侮蔑の感情がこもる）変化形 「ダラケ」「ダラマ」「ダラ風《ふう》」「ダラ顔」などあるが、ほとんど意味は同じ。類語 ぼけ。こんじょよし。

ダラくせー

例 昔は田植えは農家にとって一番の重労働だったが、機械化によって随分楽になった。しかし、機械化に取り残された小農家は隣の機械化の作業を眺めつつ「ダラくせー《（くさい）》気持ちになるなあ」と言って重労働に耐えるしかなかった。

意味 あほらしい（こんなことをするのはムダで徒労だの意）変化形 ダランてな《（みたいや）》。

ダラと煙《けぶり》ゃ高上がる

例 頭のいい人に屋根の修理を頼んだら、「君子危うきに近寄らず」とか言って断られた。普段おっちょこちょいで気立てのいい人に頼んだら、「ウラ《（私）》は人に頼まれたら断れん《（断れない）》がや」と言って作業をしてくれた。家の人はこの気立てのいい人に大変感謝している。しかし、口の悪い見物人は「やっぱダラと煙ゃ高上がるやなあ」と言った。

意味 馬鹿は高所を怖がらないという諺《ことわざ》。

ダラの三杯汁《さんばいじる》

例 お父さんが昔、恥をかいたらしい。「昔は普段、質素な食事ばかりで、たまにヨバレがあると喜んで何杯もおかわりしたんや。好物のイワシのミソ汁を3杯飲んで満足したけど、後で皆んなに『ダラの三杯汁や』と噂された。そんな言葉全然知らんだ《（知らなかった）》んや」と言っていた。

意味 汁物《しるもの》の料理は2杯目までにしておけという慣用句。

「ダラと煙ゃ高上がる」

こら、早よ
下りて来んかい
ダラんまね
しとんなや

ヤッホー
高いとこは
気持ちえーなあ

あっ
ダラと煙ゃ
高上がっとる

エーイ、ダラ
のぼしもんに
なっとんな

ダラ風なこと
しとんなや
こんじょよし

ダラケ
わりゃ
調子もんや

うわー、みんなで
ダラの5連チャンや

ダラマのふんどし

例 トラックに荷作りしていたら、ロープの余分が長すぎた。他の人に「そりゃダラマのふんどしや。切るか、折込むかせいや」と言われた。

意味 ヒラヒラと伸びすぎていてみっともないことのたとえ。

たんと

例 夕食のごちそうを並べ、お母さんが、「さあ、たーんと食べや」と言った。

意味 たくさん。

だんね

例 ①「この作業を少し手伝ってくれんか」と頼まれて「お安い御用《ごよう》や、だんねよ」と返事した。②「野菜がいっぱい採《と》れたので少しあげようか」と言われたけど「家にもえっぺ《（いっぱい）》あるし、だんねわ」と断った。

意味 ①「それでいいよ」という了解の言葉。②「不要です」という断《ことわ》りの言葉。

反対語 （①の場合）だっちゃん。

ちぶてー

例「この前白山登山へ行ったとき、暑い日やったけど、湧《わ》き水飲んだらちぶてーかったんですごく元気出たわ」とお兄さんが言った。

意味 冷たい。類語 ちゅぶてー。

チャガ

例 ①「理科の実験する時はチャガチャガしとっと危険やゾ」と先生が注意した。②いつもあわてんぼうなクセがある子供に対して「お前はチャガやからよく失敗するんや」と注意する。

意味 ①落ち着きがないこと。②あわてんぼうな人。変化形 チャガつく。チャガチャガする。類語 かすおこす。

チャッチャと……する

例「あとでスキーに連れてってやるから、今日の宿題をチャッチャと済ませてしまえよ」とお父さんが言った。

意味 要領よく、早く……する。

ちゃべ

例 家の内《うち》のことを友達に話したら、お父さんに「ちゃべちゃべとえらんこと《（不要な）》言うとんなや」と叱られた。

意味 おしゃべりが過ぎること、またそんな人をいう。変化形 ちゃべこき。男ちゃべ＝男性のくせにおしゃべりが多い人。

調子《ちょうし》もん

例「あの調子もん《（者）》がまた誰かのマネをして川へ飛び込んでケガしたらしいよ」

意味 すぐ調子に乗って軽はずみな言動をする人。

ちょうつける

例 昔の農家は、冬は納屋で俵編みや縄ないなどをしていた。そこへ父の友人が遊びの誘いに来た。「もうちょっとだけ待ってくれ。あとこんだけ《（これだけ）》ちょうつけてから行くわ」と父が言った。

【意味】終りにする。始末をつける。【反対語】ちょうつかん＝なかなか終りにできない。

ち

ちょっこり

【例】お父さんが海釣りに出掛けて、イカをいっぱい釣ってきたので、「隣近所へちょっこりずつおすそ分けしてくれ」と言った。夏休みに毎日遊んでばかりだったので、お父さんに「ちょっこ勉強もせんなんよ」と注意された。

【意味】ちょっと。ちょっぴり。【変化形】ちょっこ。【反対語】えっぺ。

ちょんごする

【例】縄ないは初めての子供にはなかなかむずかしい。ツバをつけたり、ほどいたりしてコツをつかもうと必死になっていると、父に「お前はちょんごばっかりしとって、全然仕事が進まんがいや」と言われた。

【意味】もてあそぶ。【変化形】ちょんごもん（物）。

つくにあがる

【例】カゼをひいてお母さんに特別待遇で手厚く看病してもらった。治《なお》った後も甘えていたら、「つくにあがっとんなや。殿下様《でんかさま》んネーげんゾ」と言って叱られた。

意味 つけあがる。

つましい

例 今年は柿がたくさん実ったので、隣近所や親戚にいっぱい配った。あと残り少なくなった時、お母さんが「もうつましくなったから、今後は家で大切に食べんなんよ」と言った。

意味 稀少《きしょう》な。残り少ない。反対語 えっぺ。

づめな

例 昔はどの家も貧しかったので、衣服は兄のものを弟へおろし、破れた場合はツギハギをして着た。そんな思い出をお母さんは「昔はづめやったなあ。今は何でもぜいたく過ぎる世の中や」と言う。

意味 質素な。ムダ遣《づか》いしない。類語 ケチ（似ているがづめとケチは少し違う。ケチは全くお金を使わないこと、づめはムダ遣いしないこと）反対語 オボクチョな。

つ

でかと

例 近くにスーパーが開店して、その初日にお母さんが行ってきた。「いやー、でっかとの人にビックリしたわ。入口からレジまで行列で、結局何も買わんと記念品だけもろて《（もらって）》きたわ」と言った。

意味 いっぱい。多量に。 変化形 でっかと。 類語 えっぺ。

……てがや

例 お父さんにゲームソフトがほしいと2度目のお願いをしたら、「エーイ、だっちゃ《（ダメだ）》んてがや。何回言うたらわかれん《（わかるのか）》」と言って叱られた。

意味 （何度も言ったよ）の意味を込めた確認の接尾語。 類語 ……とこ。

てくそンマ

例 「あの人は長距離でも短距離でも、走らせたらこの辺《あたり》随一《ずいいち》やな。まんで《（まるで）》てくそンマんてな《（みたいな）》モンや」。

意味 元気な馬。

デケ顔しとんな（するな）

例 テストで100点をとったので、自慢顔でお父さんに見せたら、「これ位でデケ顔しとんなよ。3回連続やったら小遣《こづか》いやるけどンナ」と言われた。ヨーシ、奮発して次もがんばるゾと思った。

意味 のぼせ上がるな。由来 「デケ顔」は「大きい顔」の意。

テンポに

例 ある万頭屋さんの紙袋に「テンポにうまい」と書かれていた。他に、「テンポに美人だ」とか、「テンポに足（＝カケッコ）が速い子だ」と言う。

意味 「すごく」の意。優れたものをほめるときの言葉。

どう打《う》った

例 「〇〇さんはいつも笑顔でおとなしい人やと思うとったけど、昨日は徹底的に我《が》を通して一歩も譲らんかったわ。皆んなどう打ったと思うよ」とお父さんが言っていた。

意味 誰かの言動に対して、「意外なので驚いた」の意。由来「どう」は「胴《どう》」か。

どうぞこうぞ

例 お父さんが慣れない大工仕事で家の修理をしている。夕方までかかってやっと終ったとき「どうぞこうぞこんで（これで）一日仕事で完成したわ」と喜んでいた。

意味 何とか。どうにか。

どうむねー

例 友達が競技中に大きな音を立てて転倒した。皆んなが駆け寄って安否を尋ねたら、「どうむねーよ。スリ傷や」と言ったので一同安心した。

意味 大丈夫だ。何ともない。由来「どうにもなっていない」から転じた。変化形 どんね。同義語 じゃまねー。

ドクショな者《もん》や

例 遠縁にあたる若者だが、進学、就職、結婚と随分世話してあげた。しかし最近、父への不平・不満を言いふらしているらしい。父が怒って「あいつはドクショな者《もん》や」と言っていた。
意味 常識はずれで不義理な者を批判する言葉。

……とこ

例 何度も部屋を片づけるよう注意したのに言うことを聞かない子供に対して「エーイ、部屋を片づけとこ。解《わか》ったんかいや」と怒る。
意味 2度目や3度目に言う時に、それを強調する接尾語。 類語 ……てがや。

ドスァエモしたほど

例 子供が10時間程も眠っている時、お母さんが「この児はどうなっとるんや。ドスァエモしたほど一心不乱に寝とるわ」と言った。
意味 ものすごく大量な（食べることと眠ることを形容することが多い）

どって……

例「少年野球の試合を見に行ったけど、相手が強すぎてどって勝負にならんだ」「あんたの意見は承ったけど、そりゃあどって話にもならん一人よがりやゾ」

などと言う。

意味 「全く問題にならない」という言葉の前に置かれる。由来 「どだい」の意。

どづまな

例 3日間もかかって椅子《いす》を作ったけど、全く人に座ってもらえるような仕上がりではない。お父さんが「こりゃ誰が作ったんや。どづまな細工やなあ」とけなした。

意味 下手《へた》くそな。細工がまるでなってない。

ととのわん

例 言を左右にして、意味不明なことを言っている人に対して「ととのわんことを言うとんなよ」と注意する。作業の仕上がりがまるで乱雑な時、「あんなに丁寧に教えてやったのに、ととのわん仕事しか出来ない奴やナァ」とけなす。

意味 理屈に合わない。問題にならない。下手くそな。由来 「整わない」から転じた。

類語 とんちく。

どやチェンス

例 お父さんと近所の人が大ゲンカになった。お父さんが「お前なんか許さんぞ」と言ったのを、近所の人が「そりや《それは》どんな意味や」と食ってかかっているみたいだ。お父さんは、「許さんから許さんと言うたんや。そんで《それで》どやチェンス」と言って怒っていた。

意味 だからどうだと言うんだ（居直りの言葉） 由来「どや」は「どうだ」。「チェンス」は不明だが、文句あるかの意。

とんちく

例 自分の商売があまりうまくいかないのは客が良くないからだ、と不平を言っている人に対して、「とんちくなこと考えとってもダメやゾ」と注意した。

意味 突拍子もない理解できないことを言うこと、またはその人。類語 ととのわん。

どんなん

例「もう事がここまで進んでいるのに、今さらストップをかけられてもどんな

と

まぎらわしい言葉①

意味がまったく逆になる言葉２ツ

（どっちの意味かは、語調と身振り手振りで判断する）

明日遊びに
行こうよ?

えーわ

うん、えーわ。
（行くよ、OK だ）

うーん、えーわー。
（ちょっと都合があるんや）

これ一緒に
食べんけ?

だんね

うん、だんねよ。
（ありがとう）

うーん、だんねわー。
（食事終わったとこや）

まぎらわしい言葉②

似たような意味の言葉７ツ

いいよ	そんでえーわ そんでもだんねよ	(積極的肯定) いいよ (消極的肯定) まァいいわ
ダメや	そんなことしっこなん そんなことしたらだちゃかん そんなことしたらどむなん	(普通に) ダメやよ (絶対に) ダメなんやぞ (皆んなが困るから) ダメやよ
大丈夫や	そんでどうむねーよ そんでじゃまねーよ	(何ともないから) 大丈夫や (間違いがないから) 大丈夫や

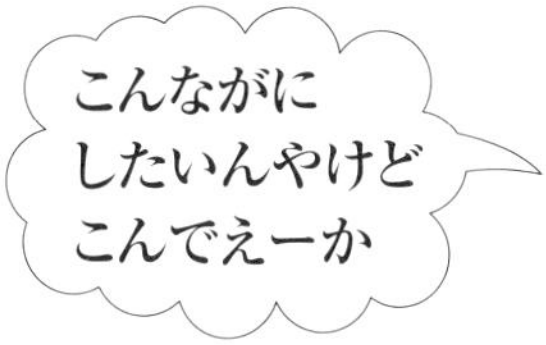

いいよ

おー、そんでえーわ
まあ、そんでもだんねわ

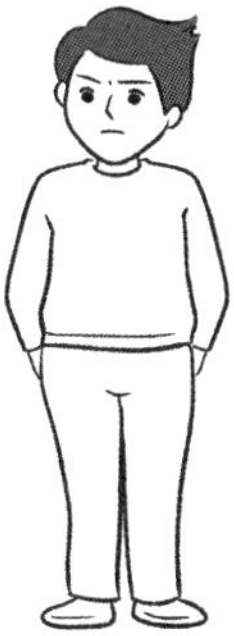

ダメや

そんなことしっこなん
そんなことしたら
だちゃかんげんぞ
そんなことしたら
皆んながどむなんよ

大丈夫や

そんでどーむねーやろう
そんでじゃまねーと
思うよ

んわ」とか、「あの人は見かけは優しいけど、一度言ったことは絶対に曲げないどんなん人やから、その件はあきらめた方がいいと思うよ」と言う。

意味 どうしようもない。困ったことだ。由来「どうにもならない」から転じた。

変化形 どむなん。

な

7日《なんか》のシンポ屁《へ》一つ

例 ある政治家が、世間がアッと驚くスキャンダルで辞職に追い込まれた。お父さんは、「あの人はずっと低姿勢で有権者の話を聞き、清潔で実行力もあったのに残念や。世の中は恐いモンやなあ。7日のシンポ屁《へ》一つとはこのこっちゃ」と言った。

意味 長い努力の積み重ねが一瞬でなくなること。由来「シンポ」は「辛抱《しんぼう》」から転じた。

何《なん》についたこっちゃ

例 相手の人に当然依頼してもいいことを頼んだけど、ダメだといって断られたとき、「何についたこっちゃ。あの人は何様のつもりなんや」と怒り狂った。

意味 何《なん》という道理に合わないことだ、と怒る言葉。変化形 何《なん》についた話や。

な

にぎんな

例 ①隣の家へ道具を借りに行ったら、「にぎんな物《もん》やけど」と言って貸してくれた。②友達に助力を頼んだら、何やかやと言い訳して断られた。「あの人はにぎんな男やな」と思った。

意味 ①粗末な。品質が良くない。②（人格が）頼りがいがない。

……にでよて

例 「〇〇さんが熊が出たというもんやから、村の若い衆総出で探したけどアリ1匹おらんだ。ほんとに〇〇さんにでよて、疲れて今日一日仕事にならんわ」とお父さんが怒っていた。

意味 「……によって」の意。原因となったことを示す時にいう接尾語。変化形……にでよちゃ。

人間《にんげん》ぼろし

例 「今日は川人夫《かわにんぶ》やというんで、集合場所へ行ったけど、人間ぼろしが全く見えんだ。日を間違えたんかな」とお父さんが言った。

意味 人の影。

塗《ぬ》ったんてな

例 田んぼの代《しろ》かき作業とは、田植え前に土をドロドロにして整えることで、お父さんが作業を終えて、「どうや、えーがに《（いいのに）》なったやろ。塗ったんてな《（みたいな）》モンや」と自画自賛した。

意味 仕上がりが美しいこと。「てな」は「みたいな」の意。

ねぐせー

例 ①「この煮魚ねぐせーよ。ねぐせー物《もん》は捨ててしまえ」とお父さんが言った。②面白い噂話《うわさばなし》だと思って、友達に一生懸命に話したら、「そんな話はもう皆んな知っとるよ。ねぐせー話や」と言われて恥をかいた。

意味 ①食べ物が腐りかけた臭いのこと。②話が古くなりすぎていること。

ね

猫よりマシや

例 お父さんがコタツで寝転んで、子供に新聞とってくれと言った。子供が渡したら、「あんやと《(ありがとう)》、猫よりマシや」と言ったので、子供はくやしかったけど、おかしい言葉やなと思って苦笑した。

意味 猫は有用な仕事はしないが、人は役に立つということを面白く言った慣用句。

のっとろけ

例 昔は6月になると、必ず年に一度は八丁川《はっちょうがわ》があふれたものだ。川の横の田んぼを「川田《かわだ》」といった。お父さんが「あーあ、川田が泥水でのっとろけになってしもた」とよく言っていた。

意味 ドロドロしたものが一面にあふれている様子。

のぼしもん《(者)》

例 「お前はこの頃おかしいよ。車ほしい、服ほしい、遊びたいと勝手ばかり。仕事も十分身に付いてないのにぜいたくばかり言って、のぼしもん《(者)》になっとんな《(なっていてはダメ)》」

とお母さんがお兄ちゃんに意見していた。

意味　のぼせ上がった者。

のまえる

例　①昔の農業用水はコンクリート製ではなかったので、よく土堤《どて》が崩れて、水流が止まった。「のまえとるゾ」という話をよく聞いた。②2人で話していたらだんだんケンカ腰になってきた。第三者が割って入って、「お前たちの話はのまえとるゾ。つまらん片意地を張っとるなよ」と言った。

意味　①水はけが悪くて水がたまること。②（転じて）議論が暗礁に乗り上げて前へ進まないこと。

は

バイが悪《わる》い

例 交通事故に遭ってケガをした友人をお見舞いに行った。お父さんが、「貴方《あんた》が悪かったんじゃないよ。たまたまバイが悪かっただけや。そんでもこれ位のケガで済んで良かったと思えばいいんや」となぐさめていた。

意味 災難に遭ったことが偶然によるものだと理解させる意。変化形 バヤ悪い。

類語 ぼんのくそ。

はかいく

例 昔は農繁期には、子供も総出で田んぼへ行った。子供には子供に適した仕事が割当てられ、家へ帰ると父から「お前らのおかげではかいったわ。ありがとう」とほめられ、嬉しかったものだ。

意味 早くできること。物事が順調に進むこと。由来 「量《はか》が行《い》く」から転じた。

はぐちこく

例 ①作業中に、力を入れた瞬間に足元がゆるみ転倒した。「はぐちこいたけど、大きなケガせんでよかった」と言った。②友達が街へ遊びに行こうというので、準備万端整えて待っていたら、ドタキャンの電話があった。「またあの男にはぐちこかされた」と怒った。

意味 ①力を入れそこねてズッコケる。②相手に期待を持たせた後で変更してガッカリさせる。

はげけりゃマネせー

例 人は他人が楽をしているとか、お金持ちだとか邪推《じゃすい》して、うらやむものである。しかし、よく考えてみると、他人の隠れた努力に気付くことが多いのである。お父さんが、友達が外車を買ったと聞いて見に行った。「乗り心地もスピード感も抜群やった。あの人がうらやましくてならん」と言ったら、お母さんが「はげけりゃマネせーと昔から言うよ。あの人の仕事ぶりもついでにマネすれば、あなたも外車に乗れるわ」と言った。

は

意味 くやしければ人を羨《うらや》んでばかりいないでマネをしたらいい、という慣用句。
由来 「はげ」は「はがゆい」の略で、「くやしい」の意。

はげむく

例 「政治と宗教の話はうかつにどこででもせん《（しない）》方がいいよ。はげむくモン《（者）》が出て、紛糾することがあるよ」とお父さんが言った。
意味 反抗する。反論する。変化形 はげむき＝はげむくことの多い人。

はごたえする

例 先生が指示することに対して、いちいち言いがかりのような文句をつける生徒がいた。とうとう先生は怒って、「はごたえばっかりしとんなや」と言った。
意味 いちいち見当はずれな文句を言う。

はしかい

例 ①昔はよく近くの川で雑魚《ざっこ》すくいをした。「モロコ（はや）が一番はしけーな」と言っていた。②「背中がはしこて《（はしかい）》どーむ《（どうにも）》ならん。ちょっと掻《か》いてくれや」とお爺さんに頼まれた。

[意味]①すばしっこい。②かゆい。[由来]①「はしこい」から転じた。[変化形]はしけー。

バッチャメロ

[例]女の子も小学生くらいまでは男の子に体力・知力とも勝ることが多い。負けた男が「バッチャメロは嫁に行けんゾ」と悔《くや》しがって悪態をつくこともあった。しかし現代では女性があらゆる方面に進出しているので、この言葉は死語になってしまった。

[意味]お転婆な女の子のこと。[由来]「バッチャ」は「罰あたりな」から転じたか。「メロ」は「女性」。

バッチョ

[例]普段から憎まれている人が何か大きな失敗をした時、周囲の人が「フン、バッチョ! いい気味だ」と言った。

[意味]相手を厳しく叱る時の言葉。[由来]「罰《ばち》や」(それはお前の身から出た罰《ばち》や)の意。

[類語]こけびゃえーわ。

はつめな

例 母さんが「○○さんの子供がすごくはつめな児やという噂やわ」と言うと、父さんが「あの家は昔からはつめ筋なんや」と答えていた。

意味 賢い。頭がいい（主に小中学生に対して言う）

バラやぞ

例 昔は子供の遊び場はほとんど神社で、時には悪ガキが狛犬《こまいぬ》に乗ったりして悪ふざけした。大人から「神社でケガしたらバラやぞ。一生治らんげんぞ《（治らないのだぞ）》」と注意された。

意味 大変なことになるぞ、という注意喚起《かんき》の言葉。変化形 バラもん＝「そんなことしとったら《（していたら）》バラもんやぞ」

ハンペ食わす

例 相撲の立ち合いで身をかわすことを「ハンペ食わす」という。同様に、相手が文句を言おうと勢い込んで来た時に、逆に相手の過去の過失を指摘したりして事態を丸めてしまった時、「うまくハンペ食わしたなあ」と言う。
意味 相手の力をかわして、逆に勝負に勝つこと。由来「ハンペ」は「反対」の意。

ひちびた

例 子供を叱るとき、親が「ひちびたタタキまわすぞー」と言ったものだ。洋の東西を問わず、お尻をたたくことが幼児のしつけに多いのだろう。
意味 お尻のこと。

ヒッチャカメッチャカ

例 親戚の家が今、すごく忙しいので、家業の手伝いに来てほしいと頼まれて出掛けて行った。到着した途端に、「これをこうして、次にあっちであれをして、終ったらそれを……」と指示された。「そんなヒッチャカメッチャカに忙しいのはとても大変だったけど、何とかマイペースで1日だけ手伝ってきたよ」とお父さんが言っていた。
意味 忙しすぎて手が回らない様子。

ヒッチャクハッカ

例 毎日、一生懸命に働いているお百姓さんに「精が出るねえ。ヒッチャクハッカ働いておいでるようやね。ご苦労様」と言ってねぎらった。

意味 720日の間、毎日欠かさない。由来 1年365日を倍にすると730日になる（それくらい毎日欠かさないということを大げさにたとえる意）

ひねくらし(に)

例 子供でも時として妙に大人びて見える時がある。「隣の○○ちゃんは、しばらく見ないうちにすごくひねくらしなったわ。亡くなったお爺ちゃんにすごく似てきたね」とお母さんが言った。

意味 （子供なのに）大人びている。子供らしくない。類語 ひね若＝大人らしく見える子供のことをいう。「あの子はひね若や」

ひょつんと

例 お父さんが腕時計をなくして、家じゅう探しても見つからなかったが、3

日後に「ひょつんとこんな所にあったわ」と言った。庭そうじをしていて、木の枝にブラ下げていたのだった。

意味 ふいに。

ひわらくさい

例 子供と遊んでいた時、お父さんが「ひわらくさいぞ。よんべ《昨日の晩》寝小便して、気ーつかんと寝たまま乾いてしもた《しまった》んネーか」と言った。

意味 小便くさい。由来 「干藁《ひわら》」（干した稲ワラ）から転じた。

ひんぞ

例 魚釣《つ》りに行った帰り道で、林の中で栗をいっぱい拾った。家へ帰ってお母さんに「これは釣《つ》った魚、この栗はひんぞや」と言った。

意味 余分に得た物。思わず手に入れた物。

ふくらがす

例 昔はチョコレートなどめったに買ってもらえなかった。裕福な家の子供が、

ひ

皆んなの前でわざとうまそうに食べて、見せびらかしていたら、そのお母さんが、「そんなふくらがすようなことしとんなマー。皆んなに少しずつ分けてあげまっし」と叱った。

意味 食べ物を相手に見せびらかして、悔《くや》しい気持ちにさせる。

ふんじょな

例 元気だった人が脳卒中後遺症で半身不随や歩行困難になり、見舞いの人に「ふんじょなことになったね」と同情の言葉をかけられた。この人は「ふんじょでも地獄よりはましという言葉もあるから、何とか楽しみを見つけて生きていかんなん」と言った。

意味 病気や色々な災いにより、割に合わない困った目にあうこと。

へーぜこーぜ

例 ある議会議員が、選挙の少し前になって急に愛想が良くなったらしく、お父さんが「フン、あの人はいつもお高くとまって、へーぜこーぜがなっとらんくせに」と言って怒っていた。

意味 普段の毎日毎日の意（毎日毎日の積み重ねが大切だ、という意味で使われることが多い）。由来「へーぜ」は「平生《へいぜい》」から転じた。

へぐる

例 年齢を重ねると、なぜか話がくどくなることが多い。そんな時、「へぐっとるネー」とか、「へぐっとんなマー」と他の人から言われる。

意味 何度も同じ言葉を繰り返すこと。

へごる

例「この柱時計は真《ま》っ直《す》ぐんネー《（ではない）》なあ。少しへごっとるよ」と言われた。昔は子供もよくケンカをしたもので、時には「殴《なぐ》り回してへごにしてやるゾ」と恐しい殺し文句を言う子もいた。

意味 曲がっている。斜めになっている。変化形 へごにする。

へしねー

例 行列が出来て長く待たされ、受付係の人の手際《てぎわ》が悪い時に「なんちゅうへしねーことしとるんや！」とお父さんが一喝《いっかつ》した。

意味 作業が遅いこと。待ち時間が長いこと。

へたしたら

例 メガネを新調するために店へ行ったら、店員が「よく使い込んだメガネですね」とほめたので「そーや、へたしたら20年位使っとるかな」と言って店員を驚かせた。

意味 もしかしたら。

へねしい

例 学校から帰ってオヤツがないので、お母さんに文句を言ったら、お父さんに「昔はチョコレートを食べとる友達を見たらへねしい思いやった。ケーキなんかもクリスマスの時しかあたらんでんぞ《（もらえなかったんだよ）》」と言って諭《さと》された。

意味 うらやましい（少し妬《ねた》みの感情が混じる）。類語 けなるい（同じく羨《うらや》ましいという意味だが、「へねしい」には多少卑下した感情がこもる）

へ《（ひ）》ねしがる

例 子供が「友達の家はお金持ちやからいいなあ」と言ったら、お父さんが、「世界には想像もできんような大金持ちがえっぺ《（いっぱい）》おるんやぞ。お前の友達の家をへねしがっとるようじゃ、大物にはなれんな」と言った。

意味 他の人を羨《うらや》ましがる。

べんたれる

例 丁寧な言葉や態度は、本来は気持ちのいいものである。しかし、その中に少しでもへつらいや卑屈が混じると、全く逆効果になってしまう。そんな時に、侮蔑の意を込めて「あの人はべんたれるのが上手なんや」という。

意味 （丁寧な言葉遣いで）相手にへつらうこと。由来 「べん」は「弁」、「たれる」は「垂れる」。

ぼけ

例 多くの場面で使われ、変化形も多い。「ぼっけことしとんなマー《（しているなよ）》」「ぼこいもん《（者）》は今の世の中、やっていけんぞ」「ぼこいもん《（者）》につける薬《くすり》やネー《（ない）》」など。

意味 ダラとほとんど同じく馬鹿のことだが、「魯鈍《ろどん》な」というニュアンスがある。

変化形 ぼけナス。うっすらぼけ。類語 ダラ。こんじょよし。

ほっこーり

例 お母さんが親戚で、いっぱいごちそうになって帰る時、「ほっこーりお世話になってありがとうございました」とお礼のあいさつをしていた。

意味 いっぱい満足・満喫した様子。

ぼっこーり

例 晩秋の小春日和《こはるびより》の日に、お母さんが近所の人に「今日はぼっこーりしたいい日やね」とあいさつしていた。

意味 暖かく気持ちのよい様子。

ほてのエー

例 秋の農作業の苦しさにお父さんが音《ね》をあげて「秋が終わったら温泉に入っ

て、宴会して、歌って踊って……」と言ったらお母さんが「ほてのエーことばっかり言うとんなマー」と笑っていた。

意味 独りよがりで都合のいいこと。

ぼぶらこく

例「○○さんは最近、すごくぼぶらこくようになったらしいな。毎晩、小松の飲み屋で顔を見ない日はないという噂や」とお父さんが言った。

意味 放蕩《ほうとう》な暮らしをすること。由来「ぼぶら」は「カボチャ」のことだが、なぜ放蕩に結びついたかは不明。変化形 ぼぶら＝放蕩な人。四十ぼぶら＝若い時はまじめだった人が、四十歳を境に急にぼぶらになること。

ぼんのー起《お》こす

例 友達が高価なおもちゃを持っていたので自分もそれを親にねだったら「ぼんのー起こしとんなや」と言われた。

意味 よけいな欲を起こすこと。由来「ぼんのー」は仏教用語で欲を意味する「煩《ぼん》悩《のう》」のこと。変化形 ぼんのー起こさす＝「他の人にぼんのー起こさすようなマネは絶対にしてはいけない」

ぼんのくそ

[例] お父さんの友人が、何か[困]りごとがあると言って訪ねて来た。いろいろ話し込んだ後、お父さんが「そりゃお前が悪いんじゃないし、誰が悪いのでもない。ぼんのくそやし、あきらめなきゃしょうがないんや」となぐさめていた。

[意味] 運。巡り合わせ。[変化形] ぶんのくそ。[類語] バイが悪い。

ま

曲がり真っすぐ

例 子供が一生懸命に作った本箱をお父さんが見て、「うーん、曲がり真っすぐでよく出来ているよ」とほめた。田植えが終って全体の並びをよく見たら、少し曲がっていたけど、お父さんは「曲がり真っすぐやから、こんで100点満点や」と満足げに話した。

意味 十分ではないが、大概《おおむね》これでよいだろうと納得すること。由来 少々曲がっているようでも、見る角度によっては真っすぐに見える。

またいする

例 ①部屋じゅうおもちゃでいっぱい取り散らかしていたら、お父さんに「またいせんと足の踏み場もないがいや《(じゃないか)》」と叱られた。②家のお婆さんが、カゼがなかなか治らずに弱気になって、「そろそろまたいせんなん《(しなければならない)》なあ」と言っている。

「～まわす」などの殺し文句

ホベタかち
くらわすゾ
おどりゃズーリ
たたきまわすゾ
かっつぁまたー
どくしょなモン
やなあ
おっとーりしめて！
ひちびた出せ
殺し文句でいっぱいや
ウワー怖い、怖い
逃げろー
むごたらし奴め
蹴っさがし
てやるゾ
エーン、エーン
お兄ちゃんが
いじめたー

意味 ①片付ける。②死ぬ準備をする。変化形 またいならん＝片付けられないから転じて、手に負えないの意。「昨日魚釣りに行ったら、沢山釣れすぎてまたいならん程やったわ」

……まわす

例 相手に対して「たたきまわすぞ」と脅《おど》す。
意味 暴力を伴う言葉の接尾語。由来「回す」から転じた。

むくっしょな

例 呼びかけてもあまりいい返事をしない人、あいさつをしない人、皆んなが楽しい話で盛り上がっていても参加しない人、こんな人は「むくっしょな人やなあ」と言われることが多い。
意味 気むづかしい。素っ気ない。

むさい（むせー）

例 いつも成績のいい友達が、「今日のテストは難しかったので、結果がむさい（むせー）

わ」と言った。

意味 心配だ。不安だ。 **変化形** むせもん《（者）》＝将来が心配な者。「あの人は子供の頃からすぐ暴れるクセがあるから、将来むせーもんになるかもしれん」

めっこめざらし

例 所得を隠している人が税務署に見つかったというニュースが流れることがある。そんな時、お父さんはいつも「こけびゃえーわ。ワシらサラリーマンはめっこめざらしで、1銭もごまかせんがや」と言う。

意味 隠さずにすべて相手にさらけ出している様子をいう。洗いざらい。 **類語** あけすけはだか。

めとにする

例 相手の欠点をいっぱい言ってケンカしていたら、先生に「友達をめとにする者は、いつか自分がめとんされるんやぞ」と諭《さと》された。

意味 見下げて馬鹿にする。 **変化形** めとんしる。

目や（が）むける

例 お父さんが、「昨日金沢の一流の店でおすし食べてきたわ。最高にうまかったけど、勘定聞いて目やむけたわ」と言った。

意味 驚く。びっくりする。同義語 目が飛び出る。

めんでがわらし

例「○○家の娘はちょっと見はめんでけど、話しとったら気は優しいし明るいし、めんでがわらし娘やなあ」とお父さんが言った。

意味 一見して不細工でも、どこかにかわいらしさがある人のこと。由来「めんで」は「みっともない」、「がわらし」は「かわいい」の訛《なま》り。主に子供や若い女性に対して言う。

もぎる

例 Aさんが「村の防災を皆んなで考えよう」と言ったらBさんは「それは個人の問題や」と言った。Aさんが「街灯を増やそう」と言ったらBさんは「昔から夜は暗いもんや」と言った。皆んなはBさんを「いつも必ずもぎる人なんや」と噂している。

意味 相手に反論ばかりしてけなすこと。変化形 もぎり＝どんなことにも必ずもぎる性格の人のこと。「あの人は昔からもぎりなんや」類語 もんち＝もぎりと同義。

もごたらし

例 目いっぱい努力して達成したことを話していたら、ある人が、もっと別のやり方もあるとか、まだ完全に達成してはいないとかケチをつけたので、「もごたらしことばっか《（ばかり）》言うとるもん《（者）》は友達なくすよ」と言ってやった。

意味 いまいましい（癪《しゃく》に障《さわ》ることを言う相手に対していう言葉）

もつきねー

例「小さな子供がお父さんにすごく叱られて、泣いて、もつきねー顔しとったわ。あんなにひどく叱らんでもいいのに」とお母さんが言っていた。

意味 かわいそうな。同情を誘うような。

もっためゃエー

例 お婆さんがずっと昔の10円札や千円札など多くの種類を大切に保存していた。初めて皆んなに見せたので、お父さんが驚いて「すごい宝モン《（物）》や。お婆ちゃんはもっためゃエーなあ」と言った。

意味 長く保持して大切にしていること。由来「もったため」は「貯《た》めこんで持っている」の意。

ものい

例 子供がカゼをひいたみたいで、「体がもねー」と言っているので、体温を測ったら39度もあった。

意味 体がだるい。由来「物憂《ものう》い」から転じた。変化形 もねー。

ものぐりんてな

例 小さい子供がダダをこねている間にだんだんとエスカレートして、寝転がったりして大暴れすることがある。そんな時、お母さんが「ものぐりんてなことしとんなま」と言って落ち着かせた。

意味 気違いじみている。由来「ものぐり」は物狂いの意。

もんち

例 日本人は大勢に順応《じゅんのう》する人間が多いという。しかし全員がそうとも言えない。村の寄合で、必ず異議を唱える人がいた。理屈はすばらしく、知識も豊富だが、実行力がなく、誰もついていかない。皆んなは「あの人はもんちで、口ばっかりなんや」と言っている。

意味 人の言うことに素直に賛成しない人。類語 いちげもん。もぎり。

やくせん

例 お母さんが40年も使っていた大きなお鍋《なべ》が破れてダメになったけど、お母さんは捨てられない。お父さんは、「やくせんモン（物）があっても何にもならん。早《はよ》う放って（捨てて）しまえ」と言った。

意味 役に立たない。由来 「役《やく》をしない」から転じた。

やくちゃもこくちゃもネー（ない）

例 地区のごみカゴをカラスが襲って、ごみが散乱した時、赤ちゃんが食べ物で顔や洋服をいっぱい汚した時、「こりゃ大変や、やくちゃもこくちゃもネーことになっとる」と言う。

意味 乱雑な様子。取り散らかった様子。

欲も得もネー（ない）

例 80歳になったお爺さんが、「もうこの年になったら欲も得もネーわ。家族皆んなが元気で和《なご》やかに暮らしてくれればそんでエーがや」と言った。

意味 我執《がしゅう》を捨てた態度を表す言葉。類語 銭金《ぜんかね》ぞくんネー。

よて

例 お父さんが慣れない仕事をして一向にラチがあかないのを見て、お母さんが、「その仕事なら○○さんのよてやし、あの人に頼めばいいよ」と言った。

意味 その人にとっての得意な作業分野。

嫁《よめ》にいった晩《ばん》

例 お父さんが農家代表で初めて県知事室へ陳情に行って、要望を話せといわれて、「嫁にいった晩や、どうにでもなれ、という心境で思うことといっぱい言うてきたわ」と話していた。

意味 全く境遇が変わった時には、覚悟を決めて新しいところに合わせる他ない、ということを面白く言った慣用句。

よもくんの悪《わる》い

例 裁縫、編み物、大工仕事など、子供が初めて大人の仕事を手伝う時は、手順どおりに進めないと失敗する。編み物をするために毛糸を整理していたら、どういう訳か無茶苦茶にまつかってしまった。お母さんが「よもくんの悪いことになってしもたがいね」と言って、ほどくのに一苦労していた。

意味 手順どおりにせずに大混乱してしまうこと。特に子供が、想定外の行為によって失敗すること。

よ

ら

りくつな

例 ①「この万能《ばんのう》ハサミはりくつなモン（物）やわ。一つ持っとれば便利やぞ」という。②「隣の○○さんはりくつな男やわ。何か頼んでも嫌な顔せんと手伝ってくれるし、ほんとにきれいな仕事をする人やわ」とお母さんがほめていた。

意味 ①便利な。理にかなった。②気立てのいい。由来「理屈な」の変化。

り

わ

わやく

例 橋の上で子供がお父さんに「ここから飛び下りたらどうなーれん」と言った。お父さんは「わやくにもそんなこと言うなや。世の中にはわやくが本当になることもあるんやぞ」とたしなめた。

意味 悪い冗談やばかげた発言のこと。

わらびし

例 兄弟がおもちゃの取り合いでケンカになった時、たいがいの親は年長児を「わらびしことすんなや」と叱る。年長児に早く兄貴分らしいゆとりを持ってほしいと願うのである。

意味 子供っぽい意地っ張りを咎《とが》める言葉。由来「童《わらわ》らしい」から変化したか。

ん

んねる

例 子供が「お腹《なか》がすいた、早く」と何度もせがむのを聞いて、お父さんが、「そんに《（そんなに）》んねとんなマー。どんど《（どんなに）》んねとっても待たんなんもんは待たんなんがや」と言った。

意味 何度もせがむ様子をいう。変化形 んねとる。

んますな

例 近所の人から立派な大根をもらった時、「んますな大根やこと」とほめる。
また、あかちゃんが丸々と育っているのを見て、「んますなほべ《（ほほ）》たしとるなあ」とほめる。

意味 立派なこと、量が多いこと、豊かなことをほめる言葉。由来「うまそうな」から転じたか。

ンマに食《く》わすほど

例 隣の家の人が柿をいっぱい持ってきてくれて「今年は生《な》り年でンマに食わすほど生《な》ったんや」と言った。

意味 大量な。由来「ンマ」は馬で、馬が大食《おおぐ》いするほど大量なことをいう。

んめェ

例 ①「今日の夕食は、んめェかったなあ」という。②「この議題は反論が出そうやな。会議の前に根回しをしたりして、んめェこと進めんなんよ」と部長が言った。

意味 ①食べ物がうまい。②物事がうまく進む。

ん

語尾はむずかしい

方言の語尾は、その地方の人でないとなかなか理解しづらいものがある。字面だけでなく、イントネーションが加わり、すごく早口に聞こえたりもする。そこで、理解の一助として、方言と共通語の対照文を作成してみたので参照していただきたい。（語尾部分は**太字**で示した）

能美・小松方言

（ある日曜日の朝食後）

母「あんた、弟さんとこに赤ちゃん出来**てんといや**。良《え》かった**ンネ**」

父「おー、長《なげ》だ出来ん、出来ん言《ちゅ》うとったけど、やっと出来**たんか**。そんでどっち**やってん**」

母「男の子やった**といね**」

父「スサー良《え》かった。元気ならどっちでも良《え》え言うても、やっぱ男ならなお良《え》え**わいや**。こんであの家《うち》も安泰や**ンナ**。わやこれ他に**言うこんなんげんぞ**。内緒**やぞ**。どんどでも出来んし、暇出すちゅう話も**あってんといや**」

共通語対照

母「あんた、弟さんとこに赤ちゃんが出来**たそうよ**。良かった**ねえ**」

父「おー、長い間出来ん、出来ん言うとったけど、やっと出来**たのか**。それでどっち**だったの**」

母「男の子だった**そうよ**」

父「それは良かった。元気ならどっちでも良いと言っても、やっぱ男ならなお良い**よね**。これであの家も安泰だ**ね**。お前はこれ他に**言ったらダメだからな**。内緒**だぞ**。ずっと長い間出来ないので、（お嫁さんに）暇を出すという母「そんなんだっちゃんわいね。女をダラにしとるがんねーか」

父「まあ、まあ。そんに怒らんでもええがいや。とにかく他の者《もん》へ言うたらだちゃかんげんぞ」

母「そんな事言うはずねーわいね。ほんでお祝いどーしれん」

父「こんな事ぁ早《は》え方がええ言《ちゅ》うし、3万円包んでくれんか。午前中の間に行ってこんけ」

母「そんに早《は》よ行こっちゅうがか。ほんなら私もすぐ着替えしるわ。あんたもそんな格好やったらめんでがいや」

父「男なら格好んてなもんどやチェンス。このままでええわいや。お前のおせっかいんてなもん受けんぞいや」

母「ほんなら勝手にしまっし。さあ、行こっさ」

話もあったそうだ」

母「そんなのはダメですよ。女を馬鹿にしているんじゃないの」

父「まあ、まあ。そんなに怒らなくてもいいじゃないか。とにかく他の人に言ってはダメだということだ」

母「そんな事言うはずないわよ。それでお祝いはどうするの」

父「こんな事は早い方がいいと言うし、3万円包んでくれないか。午前中の間に行ってこようよ」

母「そんなに早く行こうと言うのですか。それなら私もすぐ着替えるわ。あんたもそんな格好だとみっともないわよ」

父「男なら格好みたいなものはどうでもいいんだ。このままでいいんだよ。お前のおせっかいなんかは受けないよ」

母「それなら勝手になさってください。さあ、行きましょう」

能美・小松方言

（お祝いを終え帰宅して）

父「いやー、赤ちゃんな父親にそっくりで、よーあんど似るもんや**ンナ**」

母「福々《ふくふく》な顔しておあたいな赤ちゃんやった**ワ**。良《え》かった**ンネ**」

父「おい、次郎。お前のいとこになるんやし、今後かわいがって**くれや、えや**」

次郎「かわいがれ言《ちゅ》うても、もっとでこならな無理や**すいや**」

父「おー、あたんめや。でこなったらかわいがって遊んで**やれとこ**」

母「あんた、早《はや》からそんな事言わんでも、大きなったら嫌でも仲良うする**わいね**。**んな**、次郎」

次郎「おー。そうやけど今、少年野球のことで頭

共通語対照

父「いやー、赤ちゃんが父親にそっくりで、よくあれだけ似るもんだ**ねえ**」

母「福々な顔をした立派な赤ちゃんでした**ね**。良かった**ねえ**」

父「おい、次郎。お前のいとこになるんだから、今後かわいがって**くれよ、いいか**」

次郎「かわいがれと言っても、もっと大きくならなければ無理で**しょうが**」

父「そうや、あたり前だ。大きくなったらかわいがって遊んで**やれというんだ**」

母「あんた、早くからそんな事を言わなくても、大きくなったら嫌でも仲良くする**わよ**。**ねえ**、次郎」

次郎「はい。そうだけど今、少年野球のことで頭

いっぱいなんやわ。監督はあーせ、こーせ言《ちゅ》うけど、そんなうまいプレー出来んちゃ」

父　「ほんならウラが一回見に行ってやっか」

次郎　「父ちゃんも出来るはずネーやろ」

父　「ウラもこう見えても、昔はショートねんぞ」

次郎　「そやけどゲッツーなんか小学生は絶対無理やて。どうやってセー言《ちゅ》うげんていや」

父　「無理や思《おも》たら絶対出来んぞいや。出来る思《おも》たら出来るんや。セカンドと呼吸合わせばえーがや」

次郎　「ほんなら今度一回、父ちゃんに手本見してもろわんなん」

母　「あ、お昼が遅なってしもた。次郎手伝ってまー。すぐ用意しっさけンナ」

いっぱいなんだよ。監督はあーしろ、こうしろと言うけど、そんなうまいプレーは出来ないって」

父　「それなら私が一回見に行ってやろうか」

次郎　「お父さんも出来るはずないよ」

父　「私もこう見えても、昔はショートだったんだぞ」

次郎　「そうかもしれないけどゲッツーなんか小学生は絶対無理だって。どうやってしろと言うんだよ」

父　「無理だと思ったら絶対出来ないよ。出来ると思ったら出来るんだよ。セカンドと呼吸を合わせればいいんだよ」

次郎　「それなら今度一回、お父さんに手本を見せてもらいたいな」

母　「あ、お昼が遅くなってしまった。次郎手伝ってよ。すぐ用意するからね」

能美・小松方言

（夕食後、父母と兄の語らい）

父「太郎、お前は今後の進路をどう考え**とーれん**。高校にも普通科の他に専門科やら色々あるけど**ンナ**」

太郎「まあ、高校は一応普通科にしといて、その先は大学行ってから決めるわ。あわてんでも**どうむねーわいや**」

父「スサー違《ちご》う**わ**。早よ決めた者《もん》は、そんだけ早よ準備**できれんぞ**」

太郎「そんに心配してもらんでも**だんねって**。要《え》らんお世話**やって**」

母「せっかくお父さんが心配してくれとるがに、そんなこと**言うこんなん**。大事な自分の進路**やがいね**」

父「お前に一つえー言葉言うとく**ゾ**。若い時は

共通語対照

父「太郎、お前は今後の進路をどう考え**ているんだ**。高校にも普通科の他に専門科など色々あるんだけど**な**」

太郎「まあ、高校は一応普通科にしておいて、その先は大学行ってから決めるよ。あわてなくても**大丈夫だよ**」

父「それは違う**よ**。早く決めた者は、それだけ早く準備**できるんだよ**」

太郎「そんなに心配してもらわなくても**大丈夫だって**。要らぬお世話**だよ**」

母「せっかくお父さんが心配してくれているのに、そんなこと**言ってはダメよ**。大事な自分の進路**なんだから**」

父「お前に一ついい言葉を言っておく**よ**。若い

将来何にでもなれる思うとっけど、人生終わってみたら一つのもんにしかなっとらんげんゾ。どや。えー言葉やろ」

太郎「スサ誰の言葉ねん」

父「ウラの人生訓やすいや」

太郎「親父《おやじ》の人生訓を全部紙に書いて残しといてくれま。時々見っさけ。今晩の人生訓はよー解ったけど、あんまり説教されてもどむなんわいや」

時は将来何にでもなれると思っているけれど、人生終わってみたら一つのものにしかなっていないんだゾ。どうや。いい言葉だろう」

太郎「それは誰の言葉なの？」

父「私の人生訓なんだよ」

太郎「親父の人生訓を全部紙に書いて残しておいて下さい。時々見るから。今晩の人生訓はよく解ったけれど、あまり説教されてもどうにもならないよ」

後　記

街中には外国語があふれている。店の看板も一昔前はカタカナだったが、最近は欧米文字に変わってきた。こんな時代に古い方言集などに目を向ける若者が、果たしているのだろうか。

しかし、ほんの百年前には、方言しか話し言葉を持たない人々がほとんどだったのである。毎日田んぼで汗を流し、冬は風雪に耐え、時にはお祭りや盆踊りに興じながら、語り継がれてきた結晶が今、方言として残っている。としたら、せめて忘れ去られる前に、残せるものは残しておきたいと念じ、怠惰な筆を執ることにした。

能美市と小松市南部は、かつて能美郡（＝ノンゴリ）と言われた。ノンゴリ方言はまだまだ多くあり、本書はその一部にすぎず、私の記憶の間違いも多々あろう。私の不備不足を読者の皆様に補っていただくため、本書は余白のスペースを広く取ったつもりであり、ノートと名付けた所以である。

次の論考を参照させて頂いた。深く感謝申し上げます。

畑本俊男「寺井町方言集録」（『寺井町史　第三巻　自然・民俗・集落編』一九九四年三月　寺井町役場発行）

加藤信雄『石川県能美市粟生町 方言ノート』（二〇〇八年一一月）

また、デジタル・デザイン・フレンドリーさんにイラストをお願いし、花を添えて頂いた。併せて感謝申し上げます。

二〇二四年八月

著者記

能美・小松の方言ノート

発行日　2024年9月20日　第1版第1刷

著　者　本多良二

発　行　北國新聞社出版部
〒920-8588
石川県金沢市南町2番1号
TEL 076－260－3587（出版部）
電子メール syuppan@hokkoku.co.jp

ISBN978-4-8330-2319-1 C0081

著者
本多良二（ほんだ りょうじ）
1950年、旧寺井町（現能美市）生まれ。寺井町役場、能美市役所に勤め定年退職。
住所
〒923-1116
石川県能美市小長野町
へ56番地
電話
（0761）58-5166